Alberta D. Jon

FATAL FURY CITY
OF THE WOLVES
SPIELANLEITUNG

*Wichtige Tipps, Kombos und Strategien
für den Sieg*

Kapitel 1: Einführung in die Stadt der Wölfe

1.1 Überblick über die Fatal Fury Serie

Die *Fatal Fury-Serie*, die in Japan als *Garou Densetsu* (Legend of the Hungry Wolf) bekannt ist, ist eine der kultigsten und einflussreichsten Kampfspiel-Franchises von SNK. Es debütierte erstmals 1991 mit *Fatal Fury: King of Fighters* auf dem Neo Geo Arcade- und Heimsystem und wurde schnell zu einem festen Bestandteil des Kampfspiel-Booms der 1990er Jahre, in dem es stolz neben Schwergewichten wie *Street Fighter* und *Mortal Kombat* stand.

Die Ursprünge

Fatal Fury wurde von Takashi Nishiyama entworfen, einem der ursprünglichen Schöpfer von *Street Fighter*. Diese Abstammung zeigt sich in den Kernmechaniken des Spiels, die den Schwerpunkt auf Eins-gegen-Eins-Martial-Arts-Kämpfen, präzisen Eingaben und der Ausführung von Spezialbewegungen legen. Im Gegensatz zu vielen anderen Kämpfern dieser Zeit *legte Fatal Fury* großen Wert auf das Storytelling, wobei sich die zentrale Erzählung um zwei Brüder – **Terry und Andy Bogard** – dreht, die sich an dem Gangsterboss **Geese Howard rächen wollen**, der ihren Adoptivvater Jeff Bogard ermordet hat.

Innovation bei Kampfspielen

Was *Fatal Fury* auszeichnete, war sein innovatives **Zwei-Lane-Kampfsystem**, das es den Spielern ermöglichte, während des

Kampfes zwischen Vorder- und Hintergrundflugzeugen zu wechseln. Diese Mechanik fügte den Matches eine strategische Ebene hinzu und unterschied die Serie von anderen 2D-Kämpfern. Spätere Einträge wie *Fatal Fury 3* und *Real Bout Fatal Fury* führten noch mehr Lanes, zerstörbare Umgebungen und flüssigere Kombo-Systeme ein.

Im Laufe der Zeit verfeinerte und erweiterte SNK die Serie und führte neue Charaktere, tiefere Handlungsbögen und komplexere Gameplay-Systeme ein. Das Franchise gipfelte schließlich in der Veröffentlichung von *Garou: Mark of the Wolves* im Jahr 1999 – einem großen Reboot mit einem Zeitsprung, einer frischen neuen Besetzung und einem geerdeteren, technischeren Kampfsystem. Es ist nach wie vor ein beliebter Klassiker, der für seine straffe Mechanik, seinen ausgereiften Kunststil und sein großes Wettbewerbspotenzial gelobt wird.

Vermächtnis und Einfluss

Die *Fatal Fury-Serie* legte den Grundstein für andere SNK-Titel, vor allem für die The *King of Fighters-Serie*, die als Crossover von Charakteren aus *Fatal Fury*, *Art of Fighting* und anderen SNK-Titeln begann. Charaktere wie **Terry Bogard**, **Mai Shiranui** und **Geese Howard** sind seitdem zu Ikonen in der Welt der Kampfspiele geworden und tauchen oft in anderen Spielen wie *Super Smash Bros. Ultimate*, *Capcom vs. SNK* und *Tekken 7 auf*.

Selbst in den Jahren ohne neue Einträge in der Hauptreihe behielt die Serie eine treue Fangemeinde, wobei *Garou: Mark of the Wolves* eine Kultanhängerschaft genoss und häufig an Turnieren teilnahm. Es wurde auf zahlreichen modernen Plattformen neu veröffentlicht und gilt immer noch als einer der besten 2D-Kämpfer, die je gemacht wurden.

Der Weg in die Stadt der Wölfe

Nach mehr als zwei Jahrzehnten kündigte SNK *Fatal Fury: City of the Wolves* im Jahr 2022 offiziell an und entfachte damit das Interesse an der Franchise erneut. Das Spiel ist ein direkter Nachfolger von *Garou*, der die Handlungsstränge von Charakteren wie **Rock Howard fortsetzt** und neue Gesichter und moderne Mechaniken einführt, während die Wurzeln des Franchise in düsterer Martial-Arts-Action auf Straßenniveau beibehalten werden.

City of the Wolves stellt sowohl ein Revival als auch eine Weiterentwicklung dar – entworfen, um langjährige Fans der Serie anzusprechen und gleichzeitig eine neue Generation von Spielern in SNKs Vermächtnis intensiver, stilvoller Kampfspiele willkommen zu heißen.

1.2 Was gibt's Neues in Stadt der Wölfe

Nach über zwei Jahrzehnten des Schweigens ist SNK mit *City of the Wolves* zur Fatal Fury-Reihe zurückgekehrt, und es ist nicht nur ein nostalgischer Rückblick – es ist eine moderne Neuinterpretation, die für die heutige Kampfspielszene entwickelt wurde. *City of the Wolves ehrt zwar seine Wurzeln, führt aber* eine Reihe neuer Funktionen, Systeme und Designphilosophien ein, die das Gameplay auffrischen, während sie der Seele der Serie treu bleiben. Hier ist, was diesen Eintrag auszeichnet:

Eine neue visuelle Identität

Eines der ersten Dinge, die den Spielern auffallen werden, ist der **kühne Cel-Shading-Kunststil des Spiels.** Inspiriert von Anime und klassischer 2D-Sprite-Ästhetik ist die Grafik sauber, lebendig und voller Persönlichkeit. Die Animation ist flüssig und ausdrucksstark und fängt den Kampfgeist jedes Charakters ein, während jeder Schlag, jeder Tritt und jede Superbewegung visuell zufriedenstellend ist.

Diese visuelle Überarbeitung modernisiert das Spiel und ist gleichzeitig eine Hommage an das reichhaltige 2D-Erbe von SNK. Von den neonbeleuchteten Straßen bis hin zu den stimmungsvollen Kulissen *bietet City of the Wolves* eine stilisierte, aber düstere Welt, die perfekt zum Ton der Serie passt.

Das Rev-System – Leistung, Durchfluss und Flexibilität

Die größte Gameplay-Neuerung kommt mit der Einführung des **Rev-Systems**. Diese Kernmechanik fügt dem Kampf eine dynamische Ebene hinzu und bietet den Spielern neue Möglichkeiten, ihren Stil auszudrücken:

- **Rev Arts**: Verbesserte Versionen von Spezialbewegungen, die eine Umdrehungsanzeige verbrauchen, ähnlich wie EX-Attacken bei anderen Kämpfern.

- **Rev Blow**: Ein filmreifer, schlagkräftiger Angriff, der das Blatt in einem Match wenden kann, wenn er zum richtigen Timing gewählt wird.

- **Rev Guard**: Eine mächtige defensive Mechanik, mit der du Angriffe mit reduziertem Rückstoß und Chip-Schaden blocken kannst.

- **Rev Accel**: Eine Kombo-Extender-Mechanik, mit der Spieler Spezialbewegungen für auffällige und effektive Kombos verknüpfen können.

Das Rev-System betont **die Vielseitigkeit** und ermöglicht es sowohl offensiven als auch defensiven Spielern, es auf unterschiedliche Weise zu nutzen. Es regt zum Experimentieren an und passt sich an mehrere Spielstile an, so dass es für Neulinge zugänglich und für Veteranen tiefgründig genug ist.

Duale Steuerungsschemata – Arcade-Stil vs. Smart-Stil

In der Stadt der Wölfe werden **zwei Steuerungsschemata** eingeführt:

- **Arcade Style**: Klassische SNK-Eingaben für Spieler, die Präzision, Viertelkreisbewegungen und volle manuelle Steuerung bevorzugen.

- **Smart Style**: Ein vereinfachter Eingabemodus, der eine einfachere Ausführung von Spezialbewegungen und Kombos mit Ein-Tasten-Befehlen oder Tastenkombinationen ermöglicht.

Dieses duale Setup stellt sicher, dass das Spiel für Anfänger einladend ist und gleichzeitig die technische Tiefe beibehält, die Hardcore-Spieler lieben. Es ist ein wichtiger Schritt, um das Spiel integrativer zu gestalten, ohne die Wettbewerbsfähigkeit zu beeinträchtigen.

Eine Mischung aus alten und neuen Kämpfern

Das Roster in *City of the Wolves* vereint **wiederkehrende Legenden**, **Next-Gen-Krieger** und sogar **Gastcharaktere**:

- Veteranen wie **Terry Bogard, Mai Shiranui, Andy Bogard** und **Joe Higashi** kehren mit aktualisierten Movesets und Grafiken zurück.

- Newcomer wie **Vox Reaper** bringen frische Energie und einzigartige Kampfstile auf den Tisch.

- Gastauftritte von **Cristiano Ronaldo** und **DJ Salvatore Ganacci** fügen ein Wildcard-Element hinzu, das sowohl überraschend als auch kontrovers ist und Interesse außerhalb der traditionellen Kampfspiel-Community weckt.

Jeder Charakter wurde sorgfältig entworfen, um sich sowohl im Spielstil als auch in der Persönlichkeit einzigartig zu fühlen und eine abwechslungsreiche Aufstellung zu bieten, die auf verschiedene Spielertypen zugeschnitten ist.

Erweiterte Story & Lore

Während frühere *Fatal Fury-Spiele* durch Dialoge vor dem Kampf und Arcade-Enden eine Hintergrundgeschichte andeuteten, *erweitert City of the Wolves* das Storytelling mit einer strukturierteren Erzählung, charakterspezifischen Zwischensequenzen und einem tieferen Eintauchen in die Welt nach *Garou: Mark of the Wolves*. Erwarte wiederkehrende Rivalitäten, sich entwickelnde Charakterbögen und mysteriöse neue Fäden, die an die Vergangenheit anknüpfen und gleichzeitig den Weg für zukünftige Teile ebnen.

1.3 Spielplattformen & Release-Infos

Fatal Fury: City of the Wolves soll am **24. April 2025 erscheinen** und das klassische Kampf-Franchise in die moderne Ära führen. Das Spiel wird auf einer Vielzahl von Plattformen verfügbar sein, so dass Fans auf verschiedenen Systemen in die Action einsteigen können. Im Folgenden finden Sie die Plattformen und zusätzliche Release-Informationen für das Spiel:

Unterstützte Plattformen

Fatal Fury: City of the Wolves wird auf den folgenden Plattformen verfügbar sein:

- **PlayStation 5 (PS5)**

- **PlayStation 4 (PS4)**

- **Xbox Series X|S**

- **PC (Steam & Epic Games Store)**

Diese Plattformen gewährleisten eine breite Zugänglichkeit, egal ob Sie auf den neuesten Konsolen spielen oder das Spiel auf einem leistungsstarken Gaming-PC genießen. Das Spiel bietet plattformübergreifendes Spielen, so dass du gegen Freunde kämpfen kannst, egal welches System sie verwenden.

Vorbesteller-Boni & Early Access

Für diejenigen, die schon früh in das Spiel eintauchen möchten, bietet die Vorbestellung *von Fatal Fury: City of the Wolves* mehrere Boni:

- **Early** Access: Spieler, die vorbestellen, erhalten ab dem 21. April 2025 **drei Tage früher Zugang zum Spiel.** Dies gibt den Fans einen Vorsprung, um die neuen Mechaniken und Charaktere vor dem offiziellen Veröffentlichungsdatum zu erkunden.

- **Exklusives Kostüm:** Wenn du vorbestellst, schaltest du außerdem ein spezielles DLC-Kostüm für **Terry Bogard frei, das** von seinem klassischen Look in *Fatal Fury 2 inspiriert ist.* Dies verleiht langjährigen Fans der Serie einen nostalgischen Touch.

Sondereditionen & Preise

Fatal Fury: City of the Wolves wird in einer **Standard Edition** und **Special Edition erhältlich sein:**

- **Standard Edition:** Enthält das Basisspiel für die Plattform Ihrer Wahl.

- **Special Edition:** Zum Preis von **59,99 $ / 59,99 €** enthält diese Edition das Basisspiel sowie den **Season Pass** für zusätzliche herunterladbare Inhalte (DLC) in der Zukunft, die zusätzliche Charaktere, Kostüme und Stages enthalten können.

Die Special Edition ist perfekt für Spieler, die die Inhalte des Spiels nach der Veröffentlichung in vollem Umfang erleben möchten, sobald sie verfügbar sind.

Systemanforderungen für PC

Für Spieler auf dem PC sind hier die **Mindestsystemanforderungen,** um das Spiel reibungslos auszuführen:

- **Betriebssystem**: Windows 10

- **Prozessor**: Intel Core i5-7500 / AMD Ryzen 3 1200

- **Arbeitsspeicher**: 8 GB RAM

- **Grafik:** GTX 1060 (6 GB VRAM) / Radeon RX 580 (4 GB VRAM)

- **DirectX**: Version 12

- **Speicherplatz**: 60 GB verfügbarer Speicherplatz

Diese Voraussetzungen stellen sicher, dass *City of the Wolves* auf den meisten modernen Gaming-PCs flüssig läuft. Für eine optimale Leistung bietet ein High-End-System ein flüssigeres Erlebnis, insbesondere bei höheren Bildraten und Auflösungen.

Informationen zur globalen Veröffentlichung

Das Spiel wird am 24. April 2025 **gleichzeitig in allen Regionen veröffentlicht**. Fans in Nordamerika, Europa, Japan und anderen Regionen können damit rechnen, das Spiel am selben Tag zu spielen. Vorbesteller-Boni und Sondereditionen können je nach Region leicht variieren, also schau auf der offiziellen Website oder in den digitalen Stores nach, um zu erfahren, was in deiner Region verfügbar ist.

1.4 Wie dieser Leitfaden aufgebaut ist

Dieser Spielguide soll sowohl Neulingen als auch erfahrenen *Fatal Fury-Veteranen* die Werkzeuge, Strategien und Kenntnisse vermitteln, die sie benötigen, um *City of the Wolves zu meistern*. Der Leitfaden ist so organisiert, dass Sie leicht durch die verschiedenen Aspekte des Spiels navigieren können, egal ob Sie nach grundlegenden Gameplay-Erklärungen oder fortgeschrittenen Taktiken suchen.

Aufschlüsselung der Kapitel

Der Leitfaden ist in **10 Hauptkapitel unterteilt**, die sich jeweils auf einen anderen Aspekt des Spiels konzentrieren. Jedes Kapitel enthält mehrere Abschnitte, die zum leichteren Nachschlagen deutlich gekennzeichnet sind. So sind die einzelnen Kapitel organisiert:

- **Kapitel 1: Einführung in City of the Wolves**
  Dieses Kapitel bietet einen umfassenden Überblick über die *Fatal Fury-Serie*, die neuen Funktionen in *City of the Wolves* und wichtige Informationen über die Veröffentlichung und die Plattformoptionen des Spiels. Es soll den Spielern ein klares Verständnis davon vermitteln, was sie von dem Spiel erwarten können und wie es in die lange Geschichte der Franchise passt.

- **Kapitel 2: Aufschlüsselung der Spielmodi**
  In diesem Kapitel befassen wir uns mit den verschiedenen Spielmodi, die in *City of the Wolves angeboten werden*, vom Story-Modus bis zum Online-Multiplayer. Jeder Modus wird im Detail erklärt, mit Tipps, wie man sich ihnen nähert, egal ob man ein Einzelspieler-Erlebnis oder ein kompetitives Online-Spiel anstrebt.

- **Kapitel 3: Kernmechaniken und Steuerung**
  Dieses Kapitel erklärt die Grundlagen des Spiels, einschließlich der neuen Steuerungsschemata, Spezialbewegungen und der Funktionsweise des Rev-Systems. Wir decken alles ab, von grundlegenden Bewegungen bis hin zu fortgeschrittenen Mechaniken, um sicherzustellen, dass du den Ablauf des Kampfes verstehst.

- **Kapitel 4: Defensives Spiel & Konter Bei**
  City of the Wolves geht es nicht nur um Angriff, sondern auch um Verteidigung. In diesem Kapitel gehen wir auf Techniken wie Blocken, Ausweichen und Kontern ein. Wir erklären, wie du defensive Mechaniken effektiv einsetzt, um das Blatt im Kampf zu deinen Gunsten zu wenden.

- **Kapitel 5: Überblick über die Charakterliste**
  Hier erkunden wir die vielfältigen Charaktere des Spiels, darunter sowohl wiederkehrende Kämpfer als auch Neulinge. Der Kampfstil, die Stärken und Schwächen jedes Charakters werden besprochen, um dir bei der Auswahl deines bevorzugten Kämpfers zu helfen.

- **Kapitel 6: Ausführliche Charakteranleitungen**
  Wenn du tiefer in bestimmte Charaktere eintauchen möchtest, ist dieses Kapitel genau das Richtige für dich. Die Move-Liste, Strategien und Kombos jedes Kämpfers werden

im Detail beschrieben. Wir geben auch Tipps, wie man die Stärken der einzelnen Charaktere in verschiedenen Matchups am besten nutzen kann.

- **Kapitel 7: Stages, Arenen & Umweltfaktoren**
  Jede Stage in *City of the Wolves* hat ihre eigenen einzigartigen Besonderheiten. Dieses Kapitel behandelt die verschiedenen Arenen, interaktiven Elemente und Gefahren, die sich auf einen Kampf auswirken können, und hilft dir zu verstehen, wie du die Umgebung zu deinem Vorteil nutzen kannst.

- **Kapitel 8: Multiplayer & Online-Strategie**
  Für diejenigen, die gegen andere antreten möchten, konzentriert sich dieses Kapitel auf Multiplayer und Online-Spiel. Wir geben Ratschläge, wie du ein kompetitives Loadout aufbaust, dein Online-Erlebnis optimierst und die Strategien deiner Gegner liest.

- **Kapitel 9: Freischaltbare Gegenstände, Easter Eggs & Secrets**
  City of the Wolves ist vollgepackt mit versteckten Inhalten. In diesem Kapitel enthüllen wir die freischaltbaren Charaktere, Kostüme, Stages und Easter Eggs, die neugierige Spieler und Komplettisten belohnen.

- **Kapitel 10: Fortgeschrittene Techniken & Meta-Spiel**
  Das letzte Kapitel richtet sich an erfahrene Spieler, die fortgeschrittene Spieltechniken beherrschen möchten. Wir besprechen Frame-Daten, Hitbox-Beherrschung, Verwechslungen und Drucktaktiken sowie Tipps für kompetitives Spielen in Turnieren.

Unterkapitel und Abschnitte

Jedes Kapitel ist in **Unterkapitel** und einzelne **Abschnitte** **unterteilt** , um das Auffinden von Informationen zu erleichtern. Egal, ob du auf der Suche nach detaillierten Charakterguides oder allgemeinen Spielstrategien bist, die Struktur des Guides sorgt dafür, dass du schnell zu dem Abschnitt springen kannst, den du brauchst.

- **Einfache Navigation**: Jedes Kapitel und jeder Abschnitt ist klar nummeriert, so dass es einfach ist, auf bestimmte Themen zu verweisen.

- **Schritt-für-Schritt-Anleitungen**: Einige Abschnitte, wie z. B. die Ausführung von Kombos oder Charakterstrategien, werden in Schritt-für-Schritt-Formaten präsentiert, sodass Sie den Bewegungen folgen und sie meistern können.

- **Visuelle Hilfsmittel**: Gegebenenfalls sind Bilder und Illustrationen enthalten, um wichtige Punkte wie Kombos oder Bewegungseingaben hervorzuheben. Diese visuellen Hilfsmittel helfen, komplexe Konzepte aufzuschlüsseln und leichter greifbar zu machen.

Zusätzliche Funktionen

- **Tipps und Tricks**: In diesem Leitfaden finden Sie hilfreiche Tipps und versteckte Strategien, die Ihnen einen Vorteil in Ihren Spielen verschaffen können.

- **Glossar**: Für neue Spieler gibt es am Ende des Guides ein Glossar mit Begriffen (wie z.B. "Frame-Daten", "Verknüpfung von Kombos" etc.), um sicherzustellen, dass jeder mitmachen kann.

- **Updates und DLCs**: Updates nach der Veröffentlichung und herunterladbare Inhalte (DLC) werden im letzten Abschnitt von Kapitel 10 behandelt, damit ihr immer über die neuesten Änderungen und Ergänzungen des Spiels auf dem Laufenden seid.

Kapitel 2: Aufschlüsselung der Spielmodi

2.1 Story-Modus

Der **Story-Modus** von *Fatal Fury: City of the Wolves* ist der Eckpfeiler des Einzelspieler-Erlebnisses des Spiels. Es führt die Spieler nicht nur in die neuen Mechaniken und Charaktere ein, sondern setzt auch die reichhaltige, charaktergetriebene Erzählung fort, die Fans der *Fatal* Fury-Serie lieben gelernt haben. Der Modus ist so konzipiert, dass er fesselnd ist, mit verzweigten Handlungssträngen, emotionalen Charakterbögen und Kämpfen mit hohem Einsatz, die sich in wunderschön animierten Zwischensequenzen entfalten.

Ein neues Kapitel in der Geschichte

Die Geschichte setzt einige Jahre nach den Ereignissen von *Garou: Mark of the Wolves* ein, in dem **Rock Howard** zu einem jungen Mann herangewachsen ist, der immer noch mit dem Erbe der gewalttätigen Vergangenheit seines Vaters und dem Schatten von **Geese Howard zu kämpfen hat**. In *City of the Wolves* ist Rock nun in einen neuen Konflikt verwickelt, in dem alte Rivalen, neue Feinde und mächtige Mächte versuchen, die Kampfwelt neu zu gestalten.

Die Handlung dreht sich um **das Wiederaufleben einer gefährlichen Untergrund-Kampforganisation**, die darauf abzielt, das bestehende Kräfteverhältnis im globalen Kampfzirkel zu stürzen. Die Spieler schlüpfen in die Rollen verschiedener Kämpfer, jeder mit seinen eigenen persönlichen Motivationen, um die

Wahrheit hinter dieser zwielichtigen Organisation aufzudecken und sie zu stoppen, bevor es zu spät ist.

Charakterzentrierte Handlungsstränge

Der Story-Modus in *City of the Wolves* ist mehr als nur eine Reihe von Kämpfen – es ist eine persönliche Reise für jeden Charakter. Jeder Kämpfer hat seine eigene **Geschichte**, die seine Motive, Beziehungen zu anderen Charakteren und seine Rolle in dem größeren Konflikt erforscht. Einige Charaktere, wie **Terry Bogard**, sind von dem Wunsch motiviert, ihre Lieben zu beschützen, während andere, wie **Mai Shiranui**, versuchen, sich als Krieger in der sich ständig weiterentwickelnden Welt der Kampfkünste zu beweisen.

- **Rock Howards** Geschichte ist ein zentraler Bestandteil der Erzählung, und Spieler, die sich für ihn entscheiden, erleben die tiefgründigste Erkundung der Handlung. Seine Reise dreht sich um den Umgang mit seinem eigenen inneren Konflikt, die Versöhnung mit den vergangenen Taten seines Vaters und den Widerstand gegen eine mächtige neue Bedrohung.

- **Terry Bogard** ist gefordert, die jüngere Generation von Kämpfern anzuleiten und zu betreuen, während er sich gleichzeitig seinen eigenen Dämonen stellt, während seine Vergangenheit und sein Vermächtnis als "legendärer hungriger Wolf" wieder aufgegriffen werden.

Die Handlung jedes Charakters ist sorgfältig in die größere Erzählung eingewoben und bietet den Spielern Einblicke, wie ihr Kämpfer in den übergreifenden Konflikt passt.

Dynamischer Dialog & Auswahlmöglichkeiten

Eines der herausragenden Merkmale des Story-Modus ist das **dynamische Dialogsystem**. Im Laufe der Kapitel haben die Spieler die Möglichkeit, in Schlüsselmomenten Entscheidungen zu treffen, die **die Geschichte verändern**. Diese Entscheidungen beeinflussen, wie die Charaktere miteinander interagieren, und führen zu unterschiedlichen Pfaden, Enden und freischaltbaren Elementen. Dieses Element verleiht dem Story-Modus einen **wiederholbaren Charakter**, da die Spieler mehrere Ergebnisse erkunden können, indem sie in entscheidenden Szenen verschiedene Optionen auswählen.

Darüber hinaus können die Spieler den Schwierigkeitsgrad der Begegnungen in der Geschichte wählen, der von einfach für Gelegenheitsspieler bis hin zu herausfordernd für kompetitive Veteranen reicht. Je höher der Schwierigkeitsgrad, desto intensiver wird die KI und es können mehr einzigartige Belohnungen oder Story-Zweige freigeschaltet werden.

Kämpfe mit Ziel

Jede Schlacht im Story-Modus ist **thematisch mit der Erzählung verbunden**, so dass sich jede Begegnung wichtig anfühlt. Du kämpfst nicht nur, um zu gewinnen – du kämpfst, um die Handlung voranzutreiben. Egal, ob es darum geht, gegen einen alten Rivalen zu kämpfen, einen geliebten Menschen zu beschützen oder sich einem finsteren neuen Feind zu stellen, jeder Kampf ist ein wichtiger Wendepunkt in der Gesamterzählung.

Die filmischen Zwischensequenzen **des Spiels** werden effektiv genutzt, um vor und nach jedem großen Kampf einen Kontext zu liefern und den Spielern ein tieferes Verständnis dafür zu vermitteln, was auf dem Spiel steht. Diese Zwischensequenzen bieten wunderschön animierte Sequenzen, die sich mit den persönlichen Kämpfen und Triumphen der Charaktere befassen und dem Spiel ein filmischeres, erzählerischeres Gefühl verleihen als früheren Teilen.

Freischaltbare Gegenstände und Enden

Wenn du den Story-Modus abschließt, schaltest du eine Vielzahl von Belohnungen frei, darunter **alternative Kostüme, neue spielbare Charaktere** und **Bonusstufen**. Diese freischaltbaren Gegenstände bieten einen Anreiz, den Modus erneut zu spielen und die Geschichte aus verschiedenen Charakterperspektiven zu erleben.

- **Mehrere Enden**: Abhängig von den getroffenen Entscheidungen und den ausgewählten Charakteren bietet der Story-Modus mehrere Enden. Einige Enden sind bittersüß, andere triumphal und einige deuten sogar die Zukunft der *Fatal Fury-Serie* an .

- **Geheime Charaktere**: Im Laufe des Spiels werden geheime Charaktere freigeschaltet, die die Liste des Spiels erweitern. Diese Kämpfer können ihre eigenen einzigartigen Handlungsstränge oder alternative Enden haben, die weitere Hintergrundgeschichten und Hintergrundgeschichten bieten.

Hauptmerkmale

- **Cinematic Storytelling**: Wunderschöne, hochwertige Zwischensequenzen, die die Geschichte vorantreiben und die Charakterentwicklung vertiefen.

- **Charaktergesteuerte Erzählungen**: Einzigartige Handlungsstränge für jeden Kämpfer mit charakterspezifischen Motivationen, Kämpfen und Lösungen.

- **Entscheidungen sind wichtig**: Wichtige Entscheidungen, die sich auf den Ausgang der Geschichte und die Interaktionen der Charaktere auswirken und zu mehreren Durchläufen und unterschiedlichen Enden führen.

- **Belohnungsreicher Fortschritt**: Freischaltbare Inhalte, die den Wiederspielwert fördern, einschließlich neuer Charaktere, Kostüme und Story-Routen.

2.2 Arcade-Modus

Der Arcade-Modus in *Fatal Fury: City of the Wolves* ist ein nostalgischer Rückblick auf die Wurzeln der *Fatal Fury-Serie* und bietet den Spielern ein traditionelles Einzelspieler-Erlebnis, in dem sie sich durch eine Reihe von immer schwieriger werdenden Gegnern kämpfen, um den Endboss zu erreichen. Dieser Modus wurde entwickelt, um das Gefühl klassischer Arcade-Kämpfer einzufangen und ein unkompliziertes Gameplay mit dem Nervenkitzel eines Wettkampfes mit hohen Einsätzen zu kombinieren.

Klassisches Arcade-Erlebnis

Im *Arcade-Modus* schlüpfen die Spieler in die Rolle eines der Kämpfer des Spiels und treten gegen eine Reihe von CPU-gesteuerten Gegnern an, von denen jeder seinen eigenen Kampfstil und Schwierigkeitsgrad hat. Der Modus durchläuft mehrere

Phasen, in denen jeder Gegner immer härter wird, je näher du dem Endboss kommst.

Das Ziel ist einfach: Besiege jeden Gegner und fordere den **Endboss** in einem epischen Showdown heraus. Der Arcade-Modus behält das Gefühl eines traditionellen Arcade-Spiels bei, in dem du eine bestimmte Anzahl von Feinden hintereinander besiegen musst, wobei gelegentlich ein Mini-Boss oder ein rivalisierender Charakter hinzukommen, um die Dinge aufzurütteln.

Fortschritt & Pfadvariationen

Eines der Hauptmerkmale des *Arcade-Modus* in *City of the Wolves* ist das **Pfadsystem**. Je nachdem, welchen Charakter du wählst, kann sich der Arcade-Pfad leicht ändern und bietet einen **einzigartigen Fortschritt** durch verschiedene Kämpfer und Rivalenkämpfe. Dies trägt dazu bei, den Modus frisch zu halten, indem sichergestellt wird, dass jeder Spieldurchgang ein etwas anderes Erlebnis bietet.

- **Standardpfad**: Auf dem gängigsten Weg triffst du auf eine traditionelle Gruppe von Feinden, die zur finalen Konfrontation mit dem ultimativen Antagonisten des Spiels führen.

- **Rivalenbegegnungen**: Einige Charaktere haben bestimmte rivalisierende Kämpfer, denen sie auf ihrer Arcade-Reise begegnen werden. Diese Rivalen sind oft harte Kämpfe, die zu einzigartigen Zwischensequenzen führen und dem Charakter zusätzliche Hintergrundinformationen verleihen können.

- **Bonusrunden**: Im Laufe des Spiels kannst du auch auf Bonusrunden stoßen, in denen du dich bestimmten Herausforderungen stellst (z. B. dem Besiegen von

Gegnerwellen oder dem Ausführen eines bestimmten Zuges unter Zeitdruck). Diese Bonusrunden bieten zusätzliche Belohnungen wie **Bonuspunkte, zusätzliche Leben** oder **freischaltbare Inhalte.**

Schwierigkeitsgrade

Um Spielern aller Fähigkeitsstufen gerecht zu werden, bietet der *Arcade-Modus* mehrere Schwierigkeitsstufen:

- **Leicht**: Perfekt für neue Spieler oder diejenigen, die einfach nur die Geschichte und die Spielmechanik des Spiels ohne den Druck harter Kämpfe erleben möchten.

- **Normal**: Das Standard-Erlebnis, das für die meisten Spieler eine faire Balance der Herausforderungen bietet.

- **Schwer**: Für erfahrene Spieler, die ihre Fähigkeiten gegen die härtesten KI-Gegner des Spiels testen wollen. Erwarte schnellere Reaktionen, intelligentere Taktiken und härtere Moves.

- **Extrem**: Ein Hardcore-Schwierigkeitsgrad, der nur den erfahrensten Spielern vorbehalten ist. Die KI ist aggressiv und unerbittlich und stellt deine Kampfkünste auf die Probe.

Enden & Belohnungen

Genau wie bei den klassischen Arcade-Kampfspielen erhältst du beim Abschluss des **Arcade-Modus** ein Ende, das auf dem Charakter basiert, als den du gespielt hast. Jeder Kämpfer hat seine eigene einzigartige Endsequenz, die humorvolle, dramatische oder emotionale Momente enthalten kann, die Licht auf seine persönliche Reise und Motivation werfen.

Darüber hinaus können Spieler Folgendes freischalten:

- **Bonuscharaktere**: Wenn du den Modus auf höheren Schwierigkeitsgraden abschließt oder bestimmte Bedingungen erreichst, kannst du geheime Charaktere freischalten, die in anderen Spielmodi verwendet werden können.

- **Freischaltbare Kostüme**: Einige Kämpfer haben alternative Outfits, die nur freigeschaltet werden können, indem man den Arcade-Pfad mit bestimmten Charakteren oder auf bestimmten Schwierigkeitsgraden abschließt.

- **Konzeptkunst und Musik**: Für Spieler, die sich für die Aspekte hinter den Kulissen des Spiels interessieren, schaltet der *Abschluss des Arcade-Modus* zusätzliche Konzeptzeichnungen, Soundtracks und andere Sammlerstücke frei, die der Spielwelt Tiefe verleihen.

Wiederspielbarkeit

Der Arcade-Modus wurde mit Blick auf **den Wiederspielwert entwickelt** . Mit mehreren Schwierigkeitsgraden, unterschiedlichen Pfadvariationen und einzigartigen Enden für jeden Charakter gibt es immer einen Grund, zurückzukommen und noch einmal zu spielen. Darüber hinaus ermutigt das **Highscore-System** die Spieler, nach der bestmöglichen Leistung zu streben und mit Freunden oder anderen Spielern um die höchste Punktzahl zu konkurrieren.

Hauptmerkmale

- **Traditionelles Arcade-Erlebnis**: Kämpfe dich durch eine Reihe von Gegnern und besiege den Endboss, um den Modus abzuschließen.

- **Pfadvariationen**: Verschiedene Pfade, Begegnungen mit Rivalen und Bonusrunden sorgen jedes Mal für ein einzigartiges Erlebnis, wenn du spielst.

- **Mehrere Schwierigkeitsstufen**: Wähle zwischen den Schwierigkeitsgraden "Leicht", "Normal", "Schwer" und "Extrem", je nach deinem Können.

- **Freischaltbare Gegenstände und Belohnungen**: Verdiene Charakterenden, Kostüme und Bonusinhalte, indem du den Modus abschließt und Highscores erzielst.

- **Wiederspielbarkeit**: Mit unterschiedlichen Charakterhandlungen, Schwierigkeitsstufen und Pfaden, die es zu erkunden gilt, *bietet der Arcade-Modus* viele Anreize, ihn erneut zu besuchen.

2.3 Versus & Online-Multiplayer

Fatal Fury: City of the Wolves führt einen dynamischen **Versus-Modus** und ein robustes **Online-Multiplayer-System ein** , das es den Spielern ermöglicht, sowohl in lokalen als auch in Online-Umgebungen gegeneinander zu kämpfen. Egal, ob du gegen einen Freund auf der Couch antrittst oder deine Fähigkeiten gegen Spieler auf der ganzen Welt testest, diese Modi bieten aufregende kompetitive Action und unzählige Stunden Wiederspielwert.

Versus-Modus: Lokaler Mehrspielermodus

Der Versus-Modus ist die perfekte Wahl für Spieler, die ein traditionelles Kampfspiel-Erlebnis mit Freunden oder Familie im selben Raum genießen möchten. In diesem Modus können zwei Spieler ihre Lieblingscharaktere auswählen und sich einem Eins-gegen-Eins-Kampf stellen.

- **Klassische Kopf-an-Kopf-Kämpfe**: Jeder Spieler wählt einen Charakter aus und der Kampf beginnt. Der erste Spieler, der den Lebensbalken seines Gegners leer hat, gewinnt das Match. Die Spieler können die Regeln des Kampfes anpassen, wie z. B. die Anzahl der Runden, Zeitlimits und mehr.

- **Multiplayer-Anpassung**: Du kannst Einstellungen wie Rundenzeit, Stage-Auswahl und Schwierigkeit anpassen. Die Spieler können sogar **benutzerdefinierte Turniere** mit mehreren Runden erstellen oder spezielle Matchups wie einen **"Rival Fight" erstellen,** bei dem zwei Charaktere mit einer Rivalität gegeneinander antreten, was dem Kampf eine zusätzliche Ebene an erzählerischem Flair verleiht.

- **Lokales Spiel für bis zu 2 Spieler**: Der Versus-Modus ist für das lokale Spiel zu zweit optimiert und eignet sich perfekt für Couch-Koop oder kompetitives Spiel. Wenn Sie Freunde zu Besuch haben, bietet dieser Modus stundenlange Unterhaltung, ohne dass eine Online-Verbindung erforderlich ist.

Online-Multiplayer: Tritt weltweit an

Für diejenigen, die ihre Fähigkeiten auf die globale Bühne bringen wollen, *bietet City of the Wolves* einen umfassenden **Online-Multiplayer-Modus**, der Spieler über verschiedene Plattformen hinweg verbindet (plattformübergreifendes Spielen ist aktiviert). Die Online-Spielersuche bietet die Möglichkeit, gegen erfahrene Gegner weltweit anzutreten, mit mehreren Modi und Funktionen, um das Online-Erlebnis zu verbessern.

Ranglisten-Spiele

Für Spieler, die ihre Fähigkeiten testen und die kompetitive Leiter erklimmen möchten, **bieten Ranglistenspiele** ein stark strukturiertes Erlebnis:

- **Ranglistensystem**: Den Spielern werden Ränge basierend auf ihrer Leistung in Ranglistenspielen zugewiesen. Wenn du Kämpfe gewinnst, steigt dein Rang, während eine Niederlage zu einem Abstieg führt. Dieses System stellt sicher, dass du immer mit Gegnern mit ähnlichem Können zusammengebracht wirst, was jeden Kampf zu einer ausgewogenen Herausforderung macht.

- **Bestenlisten**: Globale Bestenlisten verfolgen die besten Spieler und schaffen eine kompetitive Atmosphäre. Egal, ob du es in die Top 100 schaffen oder die Nummer eins anstrebst, Bestenlisten vermitteln ein Gefühl von Fortschritt und Wettbewerb.

- **Saisons und Belohnungen**: Ranglistenspiele finden in **Saisons statt**, wobei die Belohnungen am Ende jeder Saison vergeben werden. Die Belohnungen reichen von kosmetischen Gegenständen wie exklusiven Kostümen und

Skins bis hin zu Spielwährung, mit der besondere Inhalte freigeschaltet werden. Die besten Spieler jeder Saison erhalten prestigeträchtige Belohnungen und Anerkennung innerhalb der Community.

Lockere Spiele

Wenn du dich nicht darauf konzentrierst, die Ränge zu erklimmen, und einfach nur ein Freundschaftsspiel genießen möchtest, **sind Casual Matches** genau das Richtige für dich:

- **Nicht-kompetitives Spielen**: Casual Matches bieten eine entspannte Umgebung mit niedrigen Einsätzen, in der die Spieler frei üben, mit neuen Charakteren experimentieren oder einfach nur Spaß haben können. Siege und Niederlagen haben keinen Einfluss auf deinen Rang, was ihn zu einem großartigen Modus macht, um deine Fähigkeiten ohne den Druck eines Ranglistensystems zu verbessern.

- **Einfacher Zugang zum Online-Spiel**: Casual Matches eignen sich perfekt für eine schnelle und einfache Spielersuche. Du wirst mit Gegnern gepaart, die auf deinem Können basieren, aber die Einsätze sind viel niedriger als beim Ranglistenspiel, was es ideal für Anfänger oder diejenigen macht, die sich einfach nur die Zeit vertreiben wollen.

Teamkämpfe & Turniere

Der Online-Multiplayer bietet auch **Teamkämpfe** und **Turniere** für ein strategischeres und organisierteres Spiel:

- **Teamkämpfe**: In diesem Modus können die Spieler ein Team von Kämpfern anstelle nur eines Charakters auswählen. Teamkämpfe fügen eine strategische Ebene hinzu, da du die Stärken und Schwächen jedes Kämpfers in deiner Aufstellung ausbalancieren musst. Teambasierte Kämpfe erfordern Koordination und Strategie, da die Spieler während des Spiels zwischen den Charakteren wechseln können, was es zu einem sehr dynamischen Modus macht.

- **Turniere: In** Fatal Fury: City of the Wolves *finden regelmäßig kompetitive Turniere statt.* Diese Turniere stehen allen Spielern offen, mit groß angelegten Events mit K.O.-Runden und Matches in Klammern. Die Gewinner können exklusive Preise wie seltene Skins, Spielwährung und sogar Trophäenplatzierungen auf der offiziellen Turnier-Rangliste verdienen.

Zuschauermodus & Wiederholungen

Für Spieler, die gerne Spiele auf hohem Niveau sehen oder von anderen lernen möchten, *bietet City of the Wolves* einen **Zuschauermodus**:

- **Live-Spiele ansehen**: Im Zuschauermodus können Sie Live-Spiele zwischen Spielern ansehen. Egal, ob es sich um einen lockeren Kampf oder ein hitziges Turniermatch handelt, du kannst zuschauen, ohne direkt an der Action teilzunehmen.

- **Wiederholungen**: Sie können Wiederholungen vergangener Spiele anzeigen, einschließlich Ihrer eigenen. Dies ist eine großartige Möglichkeit, Ihre Fehler zu studieren, aus Ihren Siegen zu lernen oder einfach nur aufregende Momente Revue passieren zu lassen.

Wiederholungen können gespeichert und mit anderen geteilt werden, was es einfach macht, deine Fähigkeiten zu präsentieren oder Strategien zu analysieren.

Matchmaking & Online-Funktionen

Um faire und unterhaltsame Matches zu gewährleisten, ist das Online-Multiplayer-System mit robusten Matchmaking-Funktionen ausgestattet:

- **Intelligentes Matchmaking-System**: Das Matchmaking-System berücksichtigt Faktoren wie dein Können, deine Charakterpräferenzen und deine Latenz, um sicherzustellen, dass du mit Gegnern gepaart wirst, die ein faires und kompetitives Erlebnis bieten.

- **Verbindungsstabilität**: Das Online-Spiel ist optimiert, um Verzögerungen zu minimieren und ein reibungsloses Gameplay zu gewährleisten. Mit dedizierten Servern ist das Spiel bestrebt, den Spielern eine stabile Verbindung zu bieten, egal wo sie sich befinden.

- **Plattformübergreifendes Spielen**: Egal, ob du auf PlayStation, Xbox oder PC spielst, die plattformübergreifende Funktion stellt sicher, dass du jeden Spieler herausfordern kannst, wodurch der Pool potenzieller Gegner erweitert und die Größe und Vielfalt der Online-Community insgesamt erhöht wird.

Hauptmerkmale

- **Lokaler Versus-Modus**: Spiele lokal gegen einen Freund mit anpassbaren Einstellungen für Runden, Schwierigkeitsgrad und besondere Herausforderungen.

- **Ranglistenspiele**: Erklimme die kompetitive Leiter, verdiene Ränge und kämpfe um Spitzenpositionen in globalen Bestenlisten.

- **Casual Matches**: Spiele zwanglos, ohne dir Gedanken über deinen Rang machen zu müssen, ideal, um neue Charaktere zu testen oder einfach nur Spaß zu haben.

- **Teamkämpfe & Turniere**: Nimm an teambasierten Kämpfen teil oder nimm an Turnieren teil, um hochriskante, kompetitive Action zu erleben.

- **Zuschauermodus und Wiederholungen**: Sieh dir hochrangige Matches an und überprüfe deine bisherigen Leistungen, um dich zu verbessern.

- **Plattformübergreifendes Spielen**: Kämpfe gegen Spieler auf verschiedenen Plattformen und erhöhe so die Vielfalt der Spielersuche.

2.4 Schulungen & Tutorials

Fatal Fury: City of the Wolves bietet einen umfangreichen **Trainingsmodus** und umfassende **Tutorials** , um Spielern aller Fähigkeitsstufen zu helfen, ihr Gameplay zu verbessern. Egal, ob du ein Neuling in Kampfspielen bist oder ein Veteran, der fortgeschrittene Techniken verfeinern möchte, diese Modi bieten die perfekte Umgebung, um die Spielmechanik zu üben und zu meistern.

Trainingsmodus: Perfektioniere deine Fähigkeiten

Der **Trainingsmodus** in *City of the Wolves* ist ein vielseitiges und robustes System, das es den Spielern ermöglicht, ohne den Druck eines Gegners zu üben. Es bietet eine kontrollierte Umgebung, in der du mit verschiedenen Bewegungen, Kombos und Strategien experimentieren kannst, um deine Kampffähigkeiten zu perfektionieren.

Hauptmerkmale des Trainingsmodus

- **Freies Training**: Im Trainingsmodus können die Spieler mit jedem Charakter und jeder Bewegung in ihrem eigenen Tempo experimentieren. Du kannst verschiedene Kombos ausprobieren, Move-Eingaben üben und die vollständige Move-Liste jedes Kämpfers ohne Zeitdruck oder Unterbrechungen erkunden. Dies macht es zu einem idealen Ort, um sich mit neuen Charakteren vertraut zu machen oder Ihren Kampfstil zu verfeinern.

- **KI-Gegner (anpassbar)**: Das Spiel verfügt über einen anpassbaren KI-Gegner, mit dem Sie das Verhalten des Feindes anpassen können. Du kannst die Schwierigkeit, Aggressivität und Verteidigung der KI einstellen. Auf diese Weise kannst du bestimmte Match-Situationen simulieren, egal ob du Angriff, Verteidigung oder Kombo-Ausführung übst.

- **Combo Trials**: Eine integrierte Funktion zum Üben und Aufnehmen von Kombos. Die Spieler können sich auf dem Bildschirm Eingaben für komplexe Kombo-Strings anzeigen lassen, die ihnen helfen, das genaue Timing und die Sequenzen zu lernen, die für fortgeschrittene Bewegungen erforderlich sind. Dies ist entscheidend, um die komplizierteren Aspekte des Arsenals jedes Charakters zu meistern.

- **Hitbox-Visualisierung**: *Stadt der Wölfe* enthält eine Funktion, die **Hitboxen** und **Hurtboxen** auf dem Bildschirm anzeigt. Auf diese Weise können die Spieler die Reichweite jedes Angriffs sehen und die Bereiche verstehen, in denen sie sich mit dem Gegner verbinden. Es ist ein unschätzbares Werkzeug, um die Zeichenpalette, das Timing und die Abstände zu verstehen.

- **Frame-Daten**: Für fortgeschrittene Spieler enthält der Trainingsmodus **Frame-Daten**, die die Start-, Aktiv- und Wiederherstellungs-Frames für jeden Zug anzeigen. Dies hilft dir, die Nuancen der Angriffe jedes Charakters zu verstehen, und ermöglicht es dir, Dinge wie **Rahmenfallen**, die **Bestrafung unsicherer Bewegungen** und die **Kombination von Angriffen für optimalen Druck** zu meistern.

- **Aufnahme und Wiedergabe**: Eines der herausragenden Merkmale des Trainingsmodus ist die Möglichkeit, eine Abfolge von Bewegungen aufzuzeichnen, die von der KI ausgeführt werden, und sie dann so abzuspielen, als ob Sie einem echten Gegner gegenüberstünden. Auf diese Weise können Sie üben, auf bestimmte Angriffe zu reagieren, Konter auszuführen oder Strategien gegen vorhersehbare Züge zu testen.

- **Training mit Freunden**: Wenn du mit einem anderen Spieler üben möchtest, ermöglicht das Spiel einen **lokalen**

Mehrspielermodus im Trainingsmodus. Beide Spieler können zusammen experimentieren, so dass du Team-Kombos üben, Strategien testen oder einfach nur Tipps in Echtzeit austauschen kannst.

Tutorial-Modus: Lernen Sie die Grundlagen und fortgeschrittenen Taktiken

Der **Tutorial-Modus** ist so konzipiert, dass er Neulinge durch die Grundlagen des Spiels führt und nach und nach komplexere Konzepte einführt. Es ist ein perfekter Ausgangspunkt für Spieler, die neu in der Fatal *Fury-Serie oder in Kampfspielen im Allgemeinen sind.*

Strukturierter Unterricht

Der Tutorial-Modus bietet eine **Schritt-für-Schritt-Anleitung** zum Erlernen der grundlegenden und fortgeschrittenen Mechaniken von *City of the Wolves.* Die Spieler können sich durch verschiedene Schwierigkeitsgrade arbeiten, die sich jeweils auf bestimmte Fähigkeiten und Techniken konzentrieren, die erforderlich sind, um das Spiel zu beherrschen.

- **Grundlegende Steuerung**: Die ersten Lektionen behandeln grundlegende Steuerelemente wie Bewegung, Blocken, Springen und den Einsatz von Spezialangriffen. Diese Tutorials vermitteln Ihnen die grundlegenden Fähigkeiten, die Sie benötigen, um das Spiel effektiv zu spielen.

- **Spezialbewegungen und Kombos**: Sobald du dich mit den Grundlagen vertraut gemacht hast, befasst sich das Tutorial mit Spezialbewegungen, grundlegenden Kombos und wie man Angriffe miteinander verbindet. Jedes Tutorial-Level

führt dich durch gängige Kombos für verschiedene
Charaktere sowie durch Techniken wie **das Abbrechen** und
Verbinden von Moves.

- **Fortgeschrittene Mechaniken**: Im Laufe des Spiels führen
  die Tutorials komplexere Strategien ein, wie z. B.
  Konterangriffe, Analyse von Frame-Daten und
  Gedankenspiele. Du lernst, wie du Druck auf deinen Gegner
  ausübst, wann du bestimmte defensive Züge einsetzt und
  wie du die Aktionen deines Gegners liest und darauf
  reagierst.

- **Charakterspezifische Lektionen**: Jeder Charakter in *City of
  the Wolves* hat seine eigenen speziellen Tutorial-Lektionen.
  Diese konzentrieren sich auf ihre einzigartigen Movesets
  und Kampfstile. Wenn du zum Beispiel als Rock **Howard
  spielst**, führt dich das Tutorial durch sein Wolfsanzeige-
  System und wie du seine **Spezialfähigkeiten** im Kampf zu
  deinem Vorteil einsetzen kannst.

Interaktiv & zum Anfassen

Was den Tutorial-Modus auszeichnet, ist sein interaktiver Ansatz.
Jede Lektion ist so konzipiert, dass sie praxisnah ist, was bedeutet,
dass Sie nicht nur über Techniken lesen, sondern sie auch in
Echtzeit ausführen können. Das Spiel führt Sie durch die
Bewegungen, und es wird Feedback gegeben, das Ihnen hilft, sich zu
verbessern.

- **Übungsherausforderungen**: Im Laufe der Tutorials wirst
  du auf Herausforderungen stoßen, bei denen du bestimmte
  Aufgaben erfüllen musst, z. B. eine bestimmte Kombo
  ausführen oder eine Spezialbewegung unter Zeitdruck

ausführen musst. Das Abschließen dieser Herausforderungen belohnt dich mit Spielwährung, Charakter-Skins oder Bonusinhalten.

- **Progressiver Schwierigkeitsgrad**: Die Tutorials skalieren im Schwierigkeitsgrad, beginnend mit einfachen Aufgaben bis hin zu komplexeren Herausforderungen. Diese allmähliche Lernkurve stellt sicher, dass neue Spieler nicht überfordert werden, und gibt ihnen Zeit, Selbstvertrauen aufzubauen, bevor sie zu den fortgeschritteneren Techniken übergehen.

- **Sofortiges Feedback**: Nach jeder Lektion erhalten die Spieler Feedback zu ihrer Leistung. Unabhängig davon, ob du den Zug richtig ausgeführt oder eine Eingabe verpasst hast, bietet das Spiel Tipps und Korrekturen, die dir helfen, dich zu verbessern. Dieses unmittelbare Feedback-System ist ideal, um die komplizierteren Mechaniken des Spiels zu meistern.

Hauptmerkmale von Schulungen und Tutorials

- **Umfassender Trainingsmodus**: Experimentiere frei mit Kombos, KI-Gegnern und Hitbox-Visualisierungen. Passe die Einstellungen für Attack-Geschwindigkeit, Schwierigkeit und Frame-Daten an, um deine Technik zu optimieren.

- **Schritt-für-Schritt-Tutorials**: Lerne die Grundlagen von Bewegungen, Kampf und Spezialbewegungen, bevor du zu fortgeschrittenen Techniken und charakterspezifischen Lektionen übergehst.

- **Praktische Erfahrung**: Führen Sie Aktionen in Echtzeit mit sofortigem Feedback durch, um Ihr Timing, Ihren Abstand und Ihre Ausführung zu verbessern.

- **Combo-Trials & Recording**: Teste und perfektioniere deine Kombos mit visuellen Hilfsmitteln und KI-Aufnahmen, die dir helfen, für echte In-Game-Matches zu trainieren.

- **Charakterspezifische Lektionen**: Verstehe die einzigartigen Stärken und Fähigkeiten jedes Charakters durch personalisierte Lektionen, einschließlich seiner Spezialbewegungen und fortgeschrittenen Taktiken.

- **Herausforderungsmodus**: Schalte Belohnungen frei, indem du bestimmte Herausforderungen und Tests innerhalb des Tutorial-Systems abschließt.

Kapitel 3: Grundlegende Mechanik und Steuerung

3.1 Arcade vs. Smart Style Steuerung

In *Fatal Fury: City of the Wolves* spielt die **Steuerung** eine entscheidende Rolle für das Spielerlebnis. Das Spiel bietet zwei unterschiedliche Steuerungsstile: **Arcade-Steuerung** und **Smart-Style-Steuerung**, die sowohl für erfahrene Spieler als auch für Neulinge geeignet ist. Das Verständnis der Unterschiede zwischen diesen beiden Systemen ist der Schlüssel zur Beherrschung der Spielmechanik.

Arcade-Steuerung: Klassisches Kampfspiel-Erlebnis

Die Option **"Arcade-Steuerung"** wurde entwickelt, um den Spielern ein traditionelles, schnörkelloses Erlebnis zu bieten, ähnlich wie bei der ursprünglichen Arcade-Version der *Fatal Fury-Serie*. Die Spieler müssen für alle Aktionen, einschließlich Spezialbewegungen, Kombos und Verteidigungsmanöver, manuell präzise Tasteneingaben ausführen. Dieses System legt Wert **auf präzises Timing**, **Genauigkeit** und **Speichern** von Bewegungssequenzen.

- **Eingabemethode**: Erfordert, dass die Spieler manuell Viertelkreisbewegungen, Ladebefehle und andere traditionelle Kampfspieleingaben eingeben. Dieser Stil spricht erfahrene Kampfspielspieler an, die mit klassischen Steuerungsschemata vertraut sind.

- **Fortgeschrittene Techniken:** Fortgeschrittenere Techniken, wie **Kara-Cancels** und **One-Frame-Links**, sind in diesem Modus einfacher auszuführen, da der Spieler die volle Kontrolle über jede Eingabe hat. Spieler, die an traditionelle Kampfspiele gewöhnt sind, werden diese Methode am intuitivsten finden.

- **Volle Kontrolle:** Die Arcade-Steuerung ermöglicht es den Spielern, die Mechanik jedes Charakters vollständig zu beherrschen, indem sie jeden Aspekt ihrer Bewegungen, Specials und Komboketten manuell steuern.

Smart-Style-Steuerung: Vereinfachte Eingabe für neue Spieler

Auf der anderen Seite bietet die **Smart Style Controls** ein zugänglicheres, optimiertes Erlebnis, das neuen Spielern das Erlernen des Spiels erleichtert und gleichzeitig die Tiefe für erfahrenere Benutzer beibehält. Dieser Stil vereinfacht die Ausführung von Spezialbewegungen und Kombos und ermöglicht es den Spielern, komplexe Aktionen mit weniger Tasteneingaben auszuführen.

- **Eingabemethode:** Spezialbewegungen und bestimmte Kombos werden automatisch vereinfacht. Zum Beispiel kann die Spezialbewegung eines Charakters durch Drücken einer einzigen Taste ausgeführt werden, anstatt eine Richtungseingabe plus einen Tastendruck zu erfordern.

- **Auto-Cancels und Chain Combos:** Smart Style Controls helfen neuen Spielern, Ketten-Combos auszuführen und Moves mit minimalem Aufwand abzubrechen, wodurch die

Lernkurve für komplexe Mechaniken verkürzt wird.

- **Assist-Funktionen**: Das System verfügt über integrierte Unterstützung, wie z. B. **automatisches Blocken** (zur Verteidigung) und **automatisches Komboieren** (zur Vereinfachung verketteter Kombos). Diese Funktionen erleichtern es den Spielern, sich auf den grundlegenden Ablauf des Kampfes zu konzentrieren, ohne sich in der Ausführung präziser Eingaben zu verlieren.

- **Moderate Tiefe**: Obwohl die intelligente Stilsteuerung vereinfacht ist, ermöglicht sie es den Spielern, zu lernen und im Spiel voranzukommen. Erfahrene Spieler können sich immer noch mit der Komplexität des Systems auseinandersetzen, aber es bietet ein reibungsloseres Erlebnis für Neulinge.

Welches Steuerungsschema sollten Sie wählen?

- **Arcade-Steuerung**: Am besten für Spieler, die mit traditionellen Kampfspielen vertraut sind und ein hohes Maß an Kontrolle über die Bewegungen und Angriffe ihres Charakters erleben möchten.

- **Intelligente Stilsteuerung**: Ideal für Anfänger oder diejenigen, die einen leichter zugänglichen Einstieg in das Spiel wünschen. Es ist auch eine gute Wahl für Spieler, die sich auf Strategie und Timing konzentrieren möchten, anstatt auf komplexe Eingaben.

3.2 Grundlegende Bewegung und Eingaben

Die Beherrschung des **grundlegenden Bewegungs-** und **Eingabesystems** ist die Grundlage eines jeden Kampfspiels, und *Fatal Fury: City of the Wolves* ist da nicht anders. Zu verstehen, wie du deinen Charakter effektiv bewegst und wie das Spiel Eingabebefehle verarbeitet, ist entscheidend für den Erfolg.

Grundlegende Bewegung

In *City of the Wolves* haben die Charaktere eine Vielzahl von Mobilitätsoptionen, darunter Gehen, Laufen, Springen und Hocken. Bewegung ist wichtig, um Angriffe vorzubereiten, eingehende Schläge zu vermeiden und dich für erfolgreiche Kombos zu positionieren.

- **Gehen**: Wenn du den Steuerknüppel nach links oder rechts drückst, läuft dein Charakter in die jeweilige Richtung. Gehen ist langsamer als Laufen, ermöglicht aber eine präzisere Positionierung.

- **Laufen**: Durch Doppeltippen nach links oder rechts auf den Steuerknüppel wird ein Lauf gestartet. Laufen ermöglicht es dir, die Distanz schnell zu schließen, aber es kann riskant sein, wenn es rücksichtslos eingesetzt wird, da du so für Konter offen bist.

- **Springen**: Wenn du die Sprungtaste drückst, springt dein Charakter in die Luft. Es gibt **kurze Sprünge**, **weite Sprünge** und **Doppelsprünge** (je nach Charakter). Zu verstehen, wie du deine Sprunghöhe und -richtung kontrollieren kannst, ist sowohl für die Offensive als auch für die Verteidigung unerlässlich.

- **Hocken**: Wenn du die Abwärtsrichtung auf dem Steuerknüppel gedrückt hältst, geht dein Charakter in die Hocke. Dies ist eine wesentliche Bewegung für niedrige Angriffe und das Blockieren bestimmter hoher Angriffe von Gegnern.

Grundlegende Eingabebefehle

Alle Charaktere in *City of the Wolves* verfügen über eine Reihe grundlegender Eingaben, mit denen die Spieler vertraut sein müssen. Dies sind die Kernbausteine für fortgeschrittenere Aktionen und Kombos.

- **Normale Angriffe**: Das Drücken einer Taste (leicht, mittel oder schwer) löst einen normalen Angriff aus. Jeder Charakter hat einen einzigartigen Satz von Normalen mit bestimmten Stärken, Geschwindigkeiten und Reichweiten.

- **Gerichtete Eingaben**: Viele Angriffe erfordern spezifische Richtungseingaben. Wenn du zum Beispiel **+ Angriff nach unten drückst**, wird ein niedriger Angriff ausgeführt, während **zurück + Angriff** einen defensiven Angriff auslösen kann.

- **Spezialbewegungen**: Spezialbewegungen erfordern präzise Richtungseingaben, gefolgt von Tastendrücken (z. B. **Viertelkreis vorwärts + Schlag** für einen Feuerball). Das Erlernen dieser Befehle ist für das offensive Spiel von entscheidender Bedeutung.

- **Blocken**: Wenn du im Stehen oder Hocken die Richtung nach hinten hältst, blockt dein Charakter Angriffe. **Springen** oder **Vorwärtssprinten** sind ebenfalls Formen des Ausweichens, erfordern aber das richtige Timing, um Angriffen auszuweichen.

Kombinieren von Eingaben für Bewegung und Angriffe

Viele fortgeschrittene Züge erfordern eine Kombination der oben genannten Eingaben in schneller Folge, wie z. B. die Verwendung eines **Sprints** (schnelle Vorwärtsbewegung), gefolgt von einer **Spezialbewegung**. Erfolgreiche Spieler müssen ein Muskelgedächtnis entwickeln, damit diese Kombinationen während der Spiele reibungslos und konstant ablaufen.

3.3 Kombos, Cancels & Kettentechniken

Kombos, **Abbrüche** und **Kettentechniken** sind fortschrittliche Spielmechaniken, die es den Spielern ermöglichen, verheerende Angriffssequenzen zu erstellen und offensiven Druck aufrechtzuerhalten. Die Beherrschung dieser Techniken ist der Schlüssel, um Fatal *Fury: City of the Wolves zu beherrschen.*

Combos

Kombos sind Angriffsfolgen, die, wenn sie korrekt ausgeführt werden, es dem Spieler ermöglichen, mehrere Treffer in einem einzigen Fluss miteinander zu verknüpfen und den Gegner daran zu hindern, zu blocken oder zu kontern. Kombos sind unerlässlich, um große Mengen an Schaden zu verursachen.

- **Grundlegende Kombos**: Dies sind einfache Kombos, bei denen normale Angriffe in einer fließenden Abfolge miteinander verknüpft werden. Zum Beispiel leichter Schlag > schwerer Schlag > Spezialattacke.

- **Combo-Timing**: Der Schlüssel zu erfolgreichen Kombos ist **das Timing**. Die meisten Kombos erfordern ein präzises Zeitfenster zwischen den Angriffen, um sicherzustellen, dass der Gegner lange genug in einem **Betäubungszustand** bleibt , damit du nachfolgende Treffer landen kannst.

- **Luftkombos**: Einige Charaktere haben **Luftkombos**, bei denen du deinen Gegner in der Luft jonglieren kannst, nachdem du ihn mit einem Angriff gestartet hast. Diese sind oft weiter fortgeschritten und erfordern ein gutes Timing und Positionieren.

Bricht

Abbrüche sind eine Technik, die verwendet wird, um die Animation eines Angriffs zu unterbrechen und sofort in einen anderen Zug überzugehen. Dies ermöglicht erweiterte Kombos und schnellere Nachverfolgungen.

- **Special Move Cancels:** Einer der nützlichsten Cancels ist der **Special Move-Cancel**, bei dem du einen normalen Angriff mit einem Special Move unterbrechen kannst (z.B. einen Schlag in einen Feuerball abbrechen). Dies ermöglicht flüssige, unvorhersehbare Angriffe.

- **Super Cancels:** Fortgeschrittene Spieler können **in Super Moves** oder **EX-Specials abbrechen**, Kombos verlängern und massiven Schaden anrichten.

Ketten-Kombos

Kettenkombos sind Angriffe, die miteinander verbunden sind, ohne sich auf ein strenges Timing zu verlassen. In diesem System kann das schnelle Drücken mehrerer Tasten eine Abfolge von Bewegungen auslösen, die automatisch ineinander übergehen.

- **Knopfketten:** Das Drücken von Tasten in schneller Folge löst automatisch eine Abfolge von Zügen aus, sodass Spieler mehrere Angriffe aneinanderreihen können, ohne sich Gedanken über das genaue Timing machen zu müssen.

- **Charakterspezifische Ketten:** Einige Charaktere verfügen über **einzigartige Kettentechniken**, die es ihnen ermöglichen, mehrere Angriffe auf eine Weise miteinander zu verbinden, wie es andere Charaktere nicht können. Die Beherrschung dieser Ketten kann für die Entwicklung einer konsistenten und verheerenden Offensivstrategie unerlässlich sein.

3.4 Das Rev-System verstehen

Das **Rev-System** ist eine einzigartige Mechanik in *Fatal Fury: City of the Wolves*, die sowohl dem offensiven als auch dem defensiven Spiel eine strategische Ebene hinzufügt. Das Rev-System ist eine Anzeige, die sich im Laufe der Zeit aufbaut und Spielern Zugang zu mächtigen Fähigkeiten und Moves bietet, wenn sie bestimmte Schwellenwerte erreichen.

Was ist das Rev-System?

Das **Rev System** ist im Wesentlichen ein Leistungsmesser, der sich im Laufe eines Spiels aufbaut. Er füllt sich, wenn du Angriffe ausführst, Schaden erleidest und verschiedene Aktionen im Spiel ausführst. Wenn sie voll ist, kann sie verwendet werden, um eine **Rev-Attacke auszulösen**, eine mächtige Fähigkeit, die das Blatt im Kampf wenden kann.

- **Aufbau der** Drehzahlanzeige: Die Drehzahlanzeige füllt sich mit der Zeit, wenn du in den Kampf einsteigst. Er füllt sich schneller, wenn du angreifst und Spezialbewegungen einsetzt, baut sich aber auch auf, wenn du Schaden erleidest oder Angriffe erfolgreich blockst.

- **Rev Moves**: Sobald die Anzeige voll ist, können Spieler einen **Rev Move aktivieren**, der in der Regel einen Vorteil bietet, wie z. B. verbesserte Angriffe, erhöhte Geschwindigkeit oder Zugang zu Spezialfähigkeiten. Einige Rev-Moves sind einzigartig für bestimmte Charaktere und können den Kampfverlauf verändern.

- **Rev Burst**: In bestimmten Situationen können Spieler einen **Rev Burst auslösen**, der es ihnen ermöglicht, eine verheerende Kombo oder einen Spezialmove mit hohem

Schaden zu entfesseln. Es kann eine bahnbrechende Taktik sein, wenn es im richtigen Moment richtig eingesetzt wird.

Strategischer Einsatz des Rev-Systems

Zu verstehen, wann Sie Ihre Drehzahlanzeige verwenden sollten, ist ein kritischer Aspekt der Strategie. Sie können wählen, ob Sie es für einen kritischen Moment behalten oder es früh nutzen möchten, um einen starken Vorteil zu erzielen. Die Spieler müssen ihre offensiven und defensiven Aktionen ausbalancieren, da eine effiziente Verwaltung der Rev-Anzeige in engen Spielen zum Sieg führen kann.

Kapitel 4: Defensives Spiel & Konter

4.1 Blockieren & perfekter Schutz

Das Blocken ist eine der grundlegendsten Verteidigungstechniken in *Fatal Fury: City of the Wolves*, die es den Spielern ermöglicht, den Schaden zu mindern und das Tempo des Spiels zu kontrollieren. Effektives Blocken allein reicht jedoch nicht immer aus, weshalb die Beherrschung des **perfekten Schutzes** für fortgeschrittene Spieler von entscheidender Bedeutung ist.

Grundlegende Blockierung

Blocken ist eine Kernmechanik in jedem Kampfspiel, und *City of the Wolves* ist da nicht anders. Um zu blocken, halte einfach die **Richtung nach hinten** auf deinem Steuerknüppel (für stehende

Blöcke) oder **unten** (für hockende Blöcke) gedrückt. Auf diese Weise wird dein Charakter die meisten eingehenden Angriffe annullieren, egal ob sie hoch, mittel oder niedrig sind, je nach Blockposition.

- **Hoher Block**: Halte dich **zurück**, um Angriffe zu blocken, die von oben kommen, wie Schläge oder Sprünge.

- **Niedriger Block**: Halte **gedrückt**, um Angriffe mit niedrigen Treffern wie Sweeps oder bestimmte Spezialbewegungen zu blocken.

Perfekter Schutz

Die **perfekte Wache** ist eine übergeordnete Verteidigungstechnik, die es Spielern ermöglicht, den Schaden auf Null zu reduzieren und manchmal sogar sofort zurückzuschlagen. Es erfordert präzises Timing und Kenntnisse über die Angriffe deines Gegners.

- **Wie man eine perfekte Deckung ausführt**: Um eine perfekte Deckung auszuführen, musst du zurückdrücken, um zu blocken, **gerade wenn der Angriff des Gegners kurz davor ist, sich zu verbinden**. Das perfekte Timing führt dazu, dass der Angriff vollständig negiert wird, und in einigen Fällen kann es eine leichte Öffnung für Gegenangriffe bieten.

- **Vorteile von Perfect Guard**: Das perfekte Blocken eines Angriffs negiert nicht nur Schaden, sondern eröffnet auch Möglichkeiten für sofortiges Kontern. Wenn du eine perfekte Deckung erfolgreich ausführst, kann es sein, dass dein Gegner in einem verwundbaren Zustand bleibt, sodass du ihn mit einer Kombo oder einem schnellen Angriff bestrafen kannst.

Herausforderungen von Perfect Guard

Der Perfect Guard ist zwar ein mächtiges Werkzeug, aber nicht
einfach zu bewerkstelligen. Es erfordert eine ausgezeichnete
Reaktionszeit und ein tiefes Verständnis der Bewegungsmuster
deines Gegners. Wenn du das Timing falsch einschätzt, erleidest du
immer noch den vollen Schaden des Angriffs, daher ist es sehr
empfehlenswert, das Timing von "Perfekte Deckung" im
Trainingsmodus zu üben .

4.2 Ausweichen, Rollen & Bergung

Das Blocken ist zwar wichtig, aber manchmal ist es die beste
Verteidigung, dem Angriff ganz auszuweichen. *City of the Wolves*
bietet mehrere Ausweichmöglichkeiten, darunter **Ausweichen**,
Rollen und **Bergungsmechaniken**, die alle unerlässlich sind, um
Platz zu schaffen, Schaden zu vermeiden und das Blatt im Kampf zu
deinen Gunsten zu wenden.

Ausweichen

Ausweichen ist ein schnelles und vielseitiges
Verteidigungsmanöver, das es den Spielern ermöglicht,
eingehenden Angriffen vollständig auszuweichen. Abhängig von
deinem Charakter kann das Ausweichen auf verschiedene Arten
erfolgen, z. B. durch **schnelle Seitwärtsschritte** oder
Rückwärtssprünge.

- **Schneller Ausweichmanöver**: Ein kurzes Tippen auf den
  Steuerknüppel nach links oder rechts, während du die

Ausweichtaste (oder eine Richtungseingabe) drückst, lässt deinen Charakter dem Angriff des Gegners ausweichen, sodass du dich neu positionieren und dem Druck entkommen kannst.

- **Backdash**: Ein **Backdash** wird ausgeführt, indem du zweimal schnell zurücktippst. Es gibt deinem Charakter eine leichte Rückzugsbewegung, die Distanz zwischen dir und deinem Gegner schafft, was nützlich ist, um entgegenkommenden Angriffen auszuweichen, während du im Kampf bleibst.

Rollt

Eine weitere Ausweichoption sind Rollen, die durch Drücken der **Ausweichtaste** in eine bestimmte Richtung (vorwärts oder rückwärts) ausgeführt werden, während Sie von bestimmten Angriffen getroffen werden oder nach einer Angriffsanimation.

- **Vorwärtsrolle**: Eine **Vorwärtsrolle** ermöglicht es dir, auf deinen Gegner zuzurollen, um die Distanz zu verringern, entweder um Druck auszuüben oder um aus einer Ecke heraus zu kommen.

- **Rückwärtsrolle**: Die **Rückwärtsrolle** ermöglicht einen schnellen Rückzug und hilft dir, aggressiven Druck deines Gegners zu vermeiden, besonders wenn du in die Enge getrieben wirst.

Würfe sind auch effektiv, um Würfen zu entkommen und sich von Niederschlägen zu erholen. Timing und Platzierung sind entscheidend, da ein Wurf durch einen gut getimten Angriff gekontert werden kann.

Genesung

Erholung ist ein wesentlicher Bestandteil des defensiven Spiels, denn wenn du niedergeschlagen wirst, bist du verwundbar. Die Spieler müssen wissen, wie sie sich schnell erholen können, nachdem sie niedergeschlagen wurden, um weitere Strafen zu vermeiden.

- **Teching (Rebounding from Knockdown):** Nachdem du niedergeschlagen wurdest, kannst du mit einem Knopf in die richtige Richtung **technkern** oder **reprallen**, um schneller wieder auf die Beine zu kommen. Effektives Teching kann dir helfen, nach einem Niederschlag nicht von Folgeangriffen getroffen zu werden.

- **Optionen zur Wiederherstellung nach dem Niederschlagen:** Du hast die Möglichkeit, dich zu erholen, indem du entweder würfelst oder mit einem schnellen Konter aufstehst, je nach Situation. Einige Charaktere können **einzigartige Erholungsbewegungen einsetzen** , um ihre Haltung schneller und mit mehr Konteroptionen wiederzuerlangen.

4.3 Konter, Paraden und Konter

In der Defensive geht es nicht nur ums Blocken und Ausweichen – es **ist wichtig für ein Spiel auf hohem Niveau,** zu verstehen, wie man die Offensive des Gegners **bricht,** eingehende Angriffe **pariert** und Konter effektiv abwehrt.

Breaks (Guard Breaks & Throw Breaks)

Breaks sind Techniken, die die Offensive deines Gegners stören und dir die Möglichkeit geben, den Spieß umzudrehen.

- **Deckungsdurchbrüche**: Einige Spezialbewegungen und aufgeladene Angriffe können die Deckung deines Gegners durchbrechen und ihn dazu zwingen, zu taumeln oder vorübergehend verwundbar zu werden. Diese Moves sind wichtig, um die Verteidigung von Spielern zu durchbrechen, die sich zu sehr auf das Blocken verlassen.

    - **So führen Sie einen Deckungsdurchbruch durch**: In der Regel tritt ein Deckungsdurchbruch auf, wenn Sie eine Spezialattacke oder einen Angriff mit einem aufgeladenen oder schweren Attribut landen, das durch einen Block geht. Bestimmte Charaktere haben Angriffe, die speziell entwickelt wurden, um die Verteidigung eines Gegners zu durchbrechen.

- **Wurfpausen**: **Wurfpausen** sind unerlässlich, um Griffen und Würfen zu entkommen. Wenn ein Gegner einen Wurf versucht, kannst du dich befreien, indem du den richtigen Knopf im richtigen Moment drückst. Das Werfen wird zu einer wichtigen Strategie, um deinen Gegner zwischen Standardangriffen und Griffen im Unklaren zu lassen.

Paraden

Eine **Parade** ist eine Verteidigungstechnik, bei der ein eingehender Angriff präzise abgewehrt wird, wodurch der Gegner für einen Konter verwundbar wird.

- **Ausführen einer Parade:** Um eine Parade auszuführen, musst du eine defensive Bewegung (wie Blocken oder eine bestimmte Richtungseingabe) eingeben, sobald der Angriff des Gegners kurz vor der Landung steht. Eine erfolgreiche Parade lenkt den Angriff ab und lässt deinen Gegner oft offen für einen schnellen Konter.

- **Perfekte Paraden:** In bestimmten Situationen, wenn du **die Parade perfekt abstimmst**, kann dein Charakter nicht nur den Angriff ablenken, sondern auch einen Vorteil wie erhöhten Schaden oder zusätzlichen Rückstoß erlangen.

Gegenangriffe

Konter ermöglichen es dir, den offensiven Fehler eines Gegners zu bestrafen, indem du ihn in dem Moment, in dem er verwundbar ist, mit einem Angriff triffst.

- **Attacken bestrafen:** Nachdem du einen Angriff erfolgreich geblockt oder pariert hast, kannst du **sofort einen Konter ausführen** , um deinen Gegner zu bestrafen. Timing und Abstand sind dafür entscheidend, da dein Konter herauskommen muss, bevor dein Gegner reagieren kann.

- **Konterspezifische Moves:** Einige Charaktere haben **konterspezifische Spezialmoves**, die automatisch ausgelöst werden, wenn sie zum richtigen Zeitpunkt angegriffen werden. Diese Moves sind hochriskant, aber sehr lohnend und führen oft zu großem Schaden oder einer Kombo-Aufstellung.

4.4 Defensiver Einsatz des Rev-Systems

Das **Rev-System** ist nicht nur ein Werkzeug für die Offensive, sondern auch defensive Anwendungen, die den Ausgang eines Spiels erheblich beeinflussen können.

Verwendung des Rev-Systems zur Verteidigung

Wenn die **Drehzahlanzeige** gefüllt ist, können die Spieler sie defensiv einsetzen, um sich zu schützen und das Blatt im Kampf zu wenden.

- **Defensive Vorteile der Rev-Attacke**: Eine **Rev-Attacke** kann defensive Buffs bieten, wie z. B. eine schnellere Erholung von Blocks, verbesserte Ausweichtechniken oder die Fähigkeit, einen Gegenangriff effektiver auszuführen.

- **Unbesiegbarkeits-Frames**: Einige **Rev-Moves** sorgen für kurze Unbesiegbarkeit oder reduzieren den durch Angriffe erlittenen Schaden, sodass Spieler aus Drucksituationen entkommen oder einen überengagierten Gegner bestrafen können.

- **Rev Burst zum Kontern**: Die Aktivierung eines **Rev Burst** im richtigen Moment kann dir helfen, aus der Kombo oder dem Druck eines Gegners auszubrechen, sodass du sofort deinen eigenen Angriff starten kannst.

Strategische Rev-Nutzung

Die Spieler müssen entscheiden, wann sie ihre Drehzahlanzeige effektiv einsetzen wollen. Ihn für einen kritischen Moment festzuhalten oder ihn als Verteidigungswerkzeug zu benutzen, kann den Unterschied zwischen Überleben und Niederlage ausmachen. Der defensive Einsatz des Rev-Systems erfordert eine gute Weitsicht, denn wenn du den Balken für unnötige Aktionen verschwendest, kannst du später im Spiel verwundbar werden.

Kapitel 5: Überblick über die Charakterliste

5.1 Zurückkehrende Kämpfer (Terry, Mai, Joe, Andy, etc.)

Die **zurückkehrenden Kämpfer** in *Fatal Fury: City of the Wolves* bringen ein Gefühl von Kontinuität und Nostalgie in das Spiel. Diese Kämpfer sind seit Jahren ikonische Grundnahrungsmittel der Serie, und ihre Aufnahme in den neuen Titel bewahrt ihr Vermächtnis, während sie gleichzeitig Updates für ihre Move-Sets, Designs und Kampfstile einführen. Werfen wir einen Blick auf einige der wichtigsten Charaktere, die zurückkehren:

Terry Bogard

Terry ist nach wie vor einer der beliebtesten und bekanntesten Charaktere in der *Fatal Fury-Serie*. Terry, der für seine charismatische Persönlichkeit und seine kraftvollen Bewegungen bekannt ist, kombiniert in seinem Kampfstil **kraftvolle Schläge**, **Tritte** und verheerende **Specials**. Seine ikonische **Power Wave** und sein **Burn Knuckle** machen ihn zu einer Macht, mit der man rechnen muss.

- **Wichtige Änderungen**: Während Terrys Kern-Moveset intakt bleibt, bieten ihm seine **neuen Rev-System-Specials** und **aktualisierten Kombos** mehr Optionen sowohl in der Offensive als auch in der Verteidigung.

- **Persönlichkeit**: Wie immer behält Terry seine "Auf den nächsten Kampf!"-Einstellung bei, ein freundlicher, aber erbitterter Konkurrent im Ring.

Mai Shiranui

Mai ist eine bei den Fans beliebte Kämpferin, die für ihre Beweglichkeit, Vielseitigkeit und verführerische Persönlichkeit bekannt ist. Als bester **Ninja** in der *Fatal Fury-Serie* ist Mai mit ihrer Kombination aus **schnellen Schlägen, Kontern** und **Projektilbewegungen** eine vielseitige Kämpferin. Ihre **Ninja-Kraft** ermöglicht es ihr, über den Bildschirm zu flitzen, den Raum zu kontrollieren und Druck auszuüben.

- **Wichtige Änderungen:** Mais **Spezialattacken** sind verfeinert und sie verfügt über zusätzliche Kombo-Ketten, die ihren **Kunoichi-Sturm beinhalten.** Die **Nutzung des Rev-Systems** verbessert auch ihre Verteidigungsfähigkeiten.

- **Persönlichkeit:** Ihre verspielte Art und ihr koketter Stil sind nach wie vor ein zentraler Bestandteil ihres Charakters.

Joe Higashi

Joes **Muay Thai** Kampfstil ist tödlich und präzise und zeichnet sich durch **kraftvolle Knie, Ellbogen** und **Würfe aus.** Seine **Schnelligkeit** und seine Fähigkeit, Gegner mit ständigem Druck zu überwältigen, haben ihn zu einem beständigen Spitzenkämpfer gemacht.

- **Wichtige Änderungen:** Joes **neue Kontertechniken** und **spezielle Abbrüche** sind eine willkommene Ergänzung, die ihn im Nahkampf noch gefährlicher machen.

- **Persönlichkeit**: Joes Frechheit und kühne Persönlichkeit, kombiniert mit seinem Selbstbewusstsein, machen ihn zu einem Fanliebling.

Andy Bogard

Als jüngerer Bruder von Terry bringt Andy eine **kalkuliertere und strategischere Herangehensweise** an den Kampf mit. Seine **Karatetechniken** in Kombination mit seinen **schnellen und präzisen Angriffen** machen ihn hochtechnisch und tödlich.

- **Wichtige Änderungen**: Andys **neue Verwechslungen** mit seinem **Eiswellen-** und **Shiranui-Ryu-Stil** geben ihm zusätzliche Möglichkeiten, den Kampf aus der mittleren Distanz zu kontrollieren.

- **Persönlichkeit**: Andy ist nach wie vor ein entschlossener und fokussierter Kämpfer, der im Kontrast zur Unverfrorenheit seines Bruders steht.

5.2 Neue Gesichter (Vox Reaper, etc.)

Fatal Fury: City of the Wolves führt mehrere **neue Charaktere ein** und erweitert die Liste um frische Gesichter und innovative Kampfstile, die dem Spiel mehr Tiefe und Abwechslung verleihen. Unter diesen Newcomern **sticht Vox Reaper** als wichtige Ergänzung hervor.

Vox Reaper

Vox Reaper ist ein **dunkler, mysteriöser Charakter** mit einer einzigartigen Mischung aus **Schwertkampf** und **Schattenmanipulation.** Sein Kampfstil dreht sich um **Distanzkontrolle** und **Überraschungsangriffe** aus dem Schatten, was ihn zu einem höchst unberechenbaren Gegner macht.

- **Kampfstil: Vox Reaper** ist eine Mischung aus **Ninja-Techniken** und **Schwertkunst** und nutzt seine Waffe, um Barrieren und unblockbare Angriffe zu schaffen. Seine **Schattenteleportation** ermöglicht es ihm, Angriffen auszuweichen und sich blitzschnell neu zu positionieren.

- **Spezial-Moves**: Sein **Schattenhieb** und sein **Schnittergriff** können ihn über den Bildschirm teleportieren, während seine **Attacke Seelenentzug** vorübergehend Gesundheit von Gegnern absorbiert.

- **Persönlichkeit**: Ruhig und bedrohlich, Vox Reaper spricht wenig, strahlt aber ein kaltes und berechnendes Auftreten aus. Seine dunkle Hintergrundgeschichte wird nach und nach durch seine Interaktionen im Story-Modus enthüllt.

Weitere neue Charaktere

Zu den weiteren neuen Gesichtern gehören Kämpfer mit unterschiedlichem Hintergrund, jeder mit unterschiedlichen Persönlichkeiten und Kampfstilen. Charaktere wie **Kaede Tsukino,** eine wilde **Karate-Meisterin**, die auf Druck basierende Kampftaktiken anwendet, und **Lola Vixen,** eine **Taekwondo-Expertin** mit Schwerpunkt auf Beweglichkeit und präzisen Tritten, runden die neue Liste ab.

- **Kaede Tsukino**: Ihr Karate-Stil wird durch ihre Fähigkeit, Wachen zu kontern und zu durchbrechen, noch verstärkt. Sie ist eine rundum ausgeglichene Kämpferin.

- **Lola Vixen**: Mit ihrer überlegenen Beinarbeit und ihren akrobatischen Fähigkeiten kann Lola ihre Gegner mit **schnellen Tritten** und **Luftmanövern überwältigen und** bietet so einen einzigartigen, rasanten Kampfstil.

5.3 Gastkämpfer (Cristiano Ronaldo, Salvatore Ganacci)

In einer überraschenden Wendung *stellt* City of the Wolves **Gastkämpfer** von außerhalb der traditionellen Kampfspielwelt vor. Diese Charaktere bringen eine Mischung aus echter Athletik und Unterhaltung in die Liste.

Cristiano Ronaldo

Cristiano Ronaldo, die Fußballlegende, betritt die Welt von *Fatal Fury* als einzigartiger Gastkämpfer. Ronaldo, der für seine **Beweglichkeit**, **Kraft** und **Präzision** bekannt ist, nutzt seinen fußballerischen Hintergrund, um kraftvolle **Schüsse**, **Zweikämpfe** und **Blocktechniken im Torwartstil** zu liefern .

- **Kampfstil**: Ronaldo lässt seine **fußballerischen Fähigkeiten** in seine Bewegungen einfließen, mit **Ballkontrolltechniken** und **schneller Beinarbeit**. Er kann **Football-Projektile abfeuern** und seine Geschwindigkeit nutzen, um auszuweichen und zu kontern.

- **Special Moves**: Ronaldos **Ronaldo-Kick** kann Gegner über den Bildschirm schleudern, während sein **Free Kick Fury** einen kraftvollen Schuss abgibt, der die Verteidigung durchbrechen kann.

- **Persönlichkeit**: Ronaldo ist selbstbewusst und entschlossen und verleiht dem Ganzen einen lustigen, charismatischen Charakter, und seine Rivalität mit anderen Gastkämpfern trägt zu seinem Wettkampfcharakter bei.

Salvatore Ganacci

Salvatore Ganacci, der Musikproduzent und DJ, bringt seine einzigartige Persönlichkeit und seinen energiegeladenen Stil in das Spiel ein. Bekannt für seine auffällige und unberechenbare Art, sind Ganaccis Bewegungen so exzentrisch wie sein Aussehen.

- **Kampfstil**: Ganacci nutzt **Breakdance, extravagante Tanzbewegungen** und **elektronische Beats,** um Gegner anzugreifen und zu verwirren. Seine Bewegungen beinhalten Rhythmen und Tempo, die die Feinde verwirren, was ihn zu einem schwer vorhersehbaren Kämpfer macht.

- **Special Moves**: Sein **Beat Drop** betäubt seine Gegner mit einem Energieimpuls, während sein **Electric Spin** einen schnellen Drehtritt beinhaltet, der mehrmals trifft.

- **Persönlichkeit**: Salvatore Ganacci ist lebendig und exzentrisch und verleiht dem Spiel Humor und Stil und bietet einen einzigartigen Charakter, der Spaß und Chaos verkörpert.

5.4 Charakter-Archetypen und Kampfstile

Das Verständnis der **Archetypen** und **Kampfstile** jedes Charakters ist entscheidend, um das Roster effektiv zu meistern. Jeder Charakter in *City of the Wolves* fällt in einen bestimmten Archetyp, der auf seinen Stärken, Schwächen und Kampftechniken basiert.

Stürmer-Archetyp

Stürmer konzentrieren sich auf **schnelle, schadensstarke Angriffe** und **aggressive Spielstile**. Diese Kämpfer zeichnen sich dadurch aus, dass sie die Distanz verringern und ihre Gegner mit schnellen und kraftvollen Treffern überwältigen können.

- **Beispiele: Terry Bogard, Joe Higashi, Salvatore Ganacci.**

- **Spielstil**: Konzentriere dich auf **Rushdown-Strategien** , halte Druck aufrecht und nutze wirkungsvolle Moves, um die Verteidigung zu durchbrechen.

Verteidiger-Archetyp

Verteidiger sind darauf spezialisiert, Konterangriffe **zu führen, zu verteidigen** und **das Spiel mit Geduld zu kontrollieren**. Sie verlassen sich oft darauf, zu blocken, auszuweichen und auf den richtigen Moment zu warten, um zurückzuschlagen.

- **Beispiele: Mai Shiranui, Vox Reaper, Cristiano Ronaldo.**

- **Spielstil**: Langsam, aber kalkuliert, mit Fokus auf **defensive Manöver** und dem Warten auf eine Lücke, die es auszunutzen gilt.

Zoner Archetyp

Zoner verwenden **Projektile, Raumkontrolle** und **Fernkampftaktiken,** um ihre Gegner in Schach zu halten. Sie verlassen sich auf ihre Fähigkeit, das Tempo des Spiels zu kontrollieren, indem sie die Reichweite des Kampfes diktieren.

- **Beispiele: Andy Bogard, Kaede Tsukino.**

- **Spielstil:** Setze **Spezialwaffen mit großer Reichweite** wie Projektile oder Luftabwehr-Attacken ein, um die Distanz zu kontrollieren und den Gegner in ungünstige Positionen zu zwingen.

Hybrider Archetyp

Hybride Charaktere vereinen Elemente sowohl der **offensiven** als auch der **defensiven** Strategien. Sie sind flexibel und können sich an jede Situation anpassen und bieten einen ausgewogenen Kampfstil.

- **Beispiele: Lola Vixen, Joe Higashi.**

- **Spielstil:** Der Schlüssel ist **Anpassungsfähigkeit,** je nach Situation zwischen defensiven und offensiven Taktiken zu wechseln.

Kapitel 6: Ausführliche Charakterleitfäden

6.1 Listen verschieben & Eingabebefehle

Jeder Charakter in *Fatal Fury: City of the Wolves* hat eine einzigartige Reihe von Moves, die die Spieler beherrschen müssen, um ihr Potenzial voll auszuschöpfen. Dieser Abschnitt bietet eine umfassende Liste der **Spezialbewegungen, Befehlseingaben** und **normalen Angriffe der einzelnen Charaktere**. Egal, ob du auf der Suche nach grundlegenden Moves oder fortgeschrittenen Techniken bist, dieser Leitfaden wird dir helfen, das Arsenal jedes Charakters effizient auszuführen.

Terry Bogard

- **Power Wave** (Viertelkreis Vorwärts + Punch)

- **Knöchel verbrennen** (Angriff zurück, Vorwärts + Schlag)

- **Steigender Angriff** (Angriff nach unten, nach oben + Schlag)

- **Crack Shoot** (Viertelkreis Rücken + Kick)

- **Buster Wolf** (Viertelkreis vorwärts x2 + Schlag)

- **Super Special Move: Power Geysir** (Viertelkreis zurück, vorwärts + Schlag – nach vollständiger Aktivierung des Drehzahlmessers)

Mai Shiranui

- **Kunoichi Flurry** (Viertelkreis Vorwärts + Schlag)

- **Phoenix** Fire (Viertelkreis nach vorne + Kick)

- **Shiranui Ninpo** (Sturmangriff, Hoch + Schlag)

- **Super Special Move: Mai's Shiranui Fury** (Viertelkreis zurück x2 + Schlag – nach vollständiger Aktivierung der Drehzahlanzeige)

Joe Higashi

- **Tiger Kick** (Viertelkreis Vorwärts + Kick)

- **Flying Knee** (Angriff nach unten, nach oben + Tritt)

- **Muay Thai Rage** (Viertelkreis Rücken + Punsch)

- **Super Special Move: Hurricane Strike** (Viertelkreis nach vorne x2 + Kick – nach vollständiger Aktivierung der Drehzahlanzeige)

Vox Reaper

- **Schattenhieb** (Zurückstürmen, Vorwärts + Schlag)

- **Seelenentzug** (Aufladen nach unten, nach oben + Tritt)

- **Griff des Schnitters** (Viertelkreis nach vorne + Schlag)

- **Super Special Move: Eclipse of the Soul** (Viertelkreis zurück x2 + Schlag – nach vollständiger Aktivierung der Umdrehungsanzeige)

Cristiano Ronaldo

- **Ronaldo Kick** (Viertelkreis nach vorne + Kick)

- **Freistoß Wut** (Angriff zurück, Vorwärts + Schlag)

- **Meister der Fußarbeit** (Viertelkreis nach unten + Schlag)

- **Super Special Move: Goalkeeper's Rage** (Viertelkreis nach vorne x2 + Kick – nach vollständiger Aktivierung der Drehzahlanzeige)

6.2 Strategie & beste Matchups

In *Fatal Fury: City of the Wolves* ist es wichtig, die Stärken und Schwächen deines Charakters zu verstehen, um zu gewinnen. Jeder Kämpfer zeichnet sich in bestimmten Matchups aus, basierend auf seinem **Kampfstil** und **seinem Move-Set**. In diesem Abschnitt erfährst du Strategien, wie du die Effektivität deines Charakters maximieren kannst, und führst dich durch die **besten Matchups** gegen andere Charaktere.

Terry Bogard

- **Strategie**: Terry zeichnet sich durch **Rushdown** und **Mixups aus** und nutzt seine Geschwindigkeit, um die Distanz zu verkürzen. Sein **kraftvoller Burn Knuckle** und **Power Wave** ermöglichen es ihm, das Tempo zu kontrollieren, während **Rising Tackle** als hervorragende Anti-Luft-Option dient.

- **Beste Matchups**:

  - **Joe Higashi**: Terrys Verwechslungen und seine Kopfballkontrolle machen ihn sehr effektiv gegen Joes lineareren Muay Thai-Ansatz.

  - **Vox Reaper**: Terrys Geschwindigkeit und Druck machen ihn zu einem guten Konter gegen Vox' Schattenmanipulation.

Mai Shiranui

- **Strategie**: Mai ist eine **technische** Kämpferin, die sich dadurch auszeichnet, dass sie ihre Gegner mit ihren **schnellen Sprintangriffen** und **wendigen Bewegungen ködert**. Ihr **Phönixfeuer** und **ihr Kunoichi-Wirbel** sind großartige Werkzeuge, um den Raum zu kontrollieren und Druck auszuüben.

- **Beste Matchups**:

  - **Andy Bogard**: Mais Schnelligkeit und ihre Fähigkeit, Andys Fernangriffe mit **Phoenix Fire** und **Shiranui Ninpo zu kontern,** verschaffen ihr einen Vorteil.

  - **Cristiano Ronaldo**: Mais Beweglichkeit und Bewegung können Ronaldos langsameren, aber kraftvollen Tritten ausweichen.

Joe Higashi

- **Strategie:** Joes **Muay Thai-Kampfstil** zeichnet sich durch **den Nahkampf** aus, bei dem schnelle Schläge, Ellbogen und Knie zum Einsatz kommen. Joe zeichnet sich dadurch aus, dass er mit seinem **Flying Knee** und **Tiger Kick konstanten Druck ausübt.**

- **Beste Matchups:**

    - **Vox-Schnitter:** Joes Fähigkeit, Druck auszuüben, kann Vox' Versuche, den Raum mit seinen schattenbasierten Angriffen zu kontrollieren, überwältigen.

    - **Lola Vixen:** Joes Verwechslungen und seine solide Verteidigung machen ihn zu einem starken Konter gegen schnelle, agile Charaktere wie Lola, da seine Angriffe ihre Luftangriffe unterbrechen können.

Vox Reaper

- **Strategie:** Vox ist ein **Zonen-** und **Konter-basierter** Kämpfer, der seine Teleportations- und Schattenkräfte einsetzt, um den Spielfluss zu kontrollieren. Er zeichnet sich dadurch aus, dass er Gegner verwirrt und übermäßig aggressives Spiel bestraft.

- **Beste Matchups:**

    - **Terry Bogard:** Vox' Schattenbewegungen geben ihm die Fähigkeit, Terrys schnellen Angriffen auszuweichen und ihn zu bestrafen, wenn er sich zu sehr engagiert.

- o **Mai Shiranui**: Vox' Teleportations- und Schattenangriffe können Mai überraschen, vor allem, wenn sie sich zu sehr auf ihre Nahkampfangriffe verlässt.

6.3 Kombos & Rev-Techniken

Das Ausführen **von Kombos** und die effektive Nutzung des **Rev-Systems** sind Schlüsselkomponenten für die Maximierung des Potenzials eines Charakters. Jeder Charakter hat einzigartige Kombo-Strings, und zu verstehen, wie man diese ausführt, insbesondere mit den zusätzlichen **Rev-Techniken**, kann im kompetitiven Spiel einen großen Unterschied machen.

Terry Bogard

- **Grundlegende Kombos**:

  - o Leichter Schlag → leichter Tritt → Power Wave

  - o Burn Knuckle → Crack Shoot → Power Geysir

- **Rev-Technik**:

  - o **Rev Burst Combo**: Der Einsatz eines **Rev Burst** während einer Powerwelle erzeugt eine **Mehrfachtreffer-Kombo**, die den Gegner in die Luft wirft, um ihm mit **Burn Knuckle** zusätzlichen Schaden zuzufügen.

Mai Shiranui

- **Grundlegende Kombos**:

    - Leichter Punch → Phoenix Fire → Kunoichi Flurry

    - Shiranui Ninpo → Leichter Tritt → Phoenix Fire

- **Rev-Technik**:

    - **Shiranui Fury Rev Combo**: Mit einer vollen **Rev-Anzeige** kann Mai eine **Shiranui** Fury-Kombo entfesseln, die hohen Schaden verursacht und den Gegner in einen betäubten Zustand versetzt, was eine weitere Kombo-Kette ermöglicht.

Joe Higashi

- **Grundlegende Kombos**:

    - Light Punch → Flying Knee → Tiger Kick

    - Muay Thai Rage → Flying Knee → Hurricane Strike

- **Rev-Technik**:

    - **Hurricane Rev Combo**: Der Einsatz eines **Rev Bursts** aktiviert **Hurricane Strike**, der den Gegner in die Ecke schickt, gefolgt von einem schnellen **Flying Knee** für maximalen Eckendruck.

Vox Reaper

- **Grundlegende Kombos:**

  - Schattenhieb → Seelenentzug → Griff des Schnitters

  - Leichter Schlag → Schattenhieb → Seelenentzug

- **Rev-Technik:**

  - **Eclipse of the Soul Rev Combo:** Die ultimative Technik von Vox Reaper, **Eclipse of the Soul**, kann durch eine erweiterte Kombination aus **Shadow Slash** und **Reaper's Griff ergänzt werden**, die sicherstellt, dass der Gegner den vollen Schaden durch die **Finsternis** erleidet.

6.4 Stilanpassung & Ausrüstungen

In *Fatal Fury: City of the Wolves* **können die Spieler ihre Charaktere durch Stilanpassungen** und **Ausrüstungen** an ihren bevorzugten Spielstil anpassen. Egal, ob du dich auf **offensive Kraft**, **defensive Widerstandsfähigkeit** oder **Beweglichkeit konzentrieren möchtest**, das Spiel gibt dir die Werkzeuge, um die Attribute jedes Charakters zu ändern.

Terry Bogard

- **Benutzerdefinierter Stil 1:**

  - **Fokus:** Geschwindigkeit und Aggressivität

- Schlüsselattribute: Erhöhte Bewegungsgeschwindigkeit und **geringere Abklingzeit bei Spezialattacken.**

- **Empfohlene Ausrüstung: Offensive Ausrüstung** (erhöht die Reichweite von Power Wave und Buster Wolf).

- **Benutzerdefinierter Stil 2:**

  - **Schwerpunkte:** Defensivspiel und Konter

  - **Hauptattribute:** Verbesserte Verteidigung und **schnellere Rev Charge.**

  - **Empfohlene Ausrüstung: Konterausrüstung** (Erhöht die Kraft von Gegenangriffen nach perfekter Deckung).

Mai Shiranui

- **Benutzerdefinierter Stil 1:**

  - **Fokus:** Agilität und Mobilität

  - **Schlüsselattribute:** Erhöhte Bewegungsgeschwindigkeit und **schnellere Erholung** nach Bewegungen.

  - **Empfohlene Ausrüstung: Mobilitätsausrüstung** (Erhöht die Geschwindigkeit von Luftangriffen und Ausweichmanövern).

- Benutzerdefinierter Stil 2:

  - Fokus: Druck und Kontrolle

  - Schlüsselattribute: Verbesserte **Kombolänge** und **Angriffsreichweite mit mehreren Treffern.**

  - Empfohlene Ausrüstung: **Druckausrüstung** (verstärkt Kunoichi-Wirbel und Phönixfeuer).

Joe Higashi

- Benutzerdefinierter Stil 1:

  - Fokus: Allround-Kämpfer

  - Hauptattribute: Ausgewogene **Stärke und Verteidigung**, perfekt für Angriff und Verteidigung.

  - Empfohlene Ausrüstung: **Ausgewogene Ausrüstung** (Verbessert sowohl Muay Thai Rage als auch Tiger Kick).

- Benutzerdefinierter Stil 2:

  - Fokus: Aggressiver Druck

  - Schlüsselattribute: Erhöhter **Schadensausstoß** und **schnellere Spezialbewegungen.**

  - Empfohlene Ausrüstung: **Aggressionsausrüstung** (Erhöht den Schaden von Fliegendes Knie und Hurrikanschlag).

Kapitel 7: Stages, Arenen & Umweltfaktoren

7.1 Etappenliste & Beschreibungen

Fatal Fury: City of the Wolves bietet eine Vielzahl von **Levels**, die einzigartige Umgebungen bieten und den Ton für jeden Kampf angeben. Von geschäftigen Städten bis hin zu ruhigen Berggipfeln bieten diese Stages eine reichhaltige Kulisse für intensive Kämpfe. Hier ist eine Liste der wichtigsten Phasen des Spiels, zusammen mit einer kurzen Beschreibung der einzelnen Phasen:

1. Straßen der Südstadt

- **Beschreibung**: Die kultige **Südstadt**, die als Heimat vieler *Fatal Fury-Charaktere* bekannt ist , kehrt zurück. Die **Innenstadt** ist vollgepackt mit Neonlichtern, einer geschäftigen Menschenmenge und einer dynamischen urbanen Atmosphäre. **Gelegentlich** bewegen sich Autos und **Fußgänger** im Hintergrund und bringen Leben in die Bühne.

- **Umgebung**: Betondschungel mit einer neonbeleuchteten Skyline. Urbane Klänge erfüllen die Luft, gelegentlich hupt man und Menschen plaudern.

2. Mais Dojo

- **Beschreibung**: In einem friedlichen, **traditionellen Dojo**, umgeben von ruhigen Gärten, repräsentiert diese Etappe die Wurzeln von **Mai Shiranui**. Der **Holzboden** und **die Bambuszäune** schaffen eine ruhige und dennoch intensive Atmosphäre. **Im Hintergrund befindet sich eine heiße Quelle**, in der Koi-Fische schwimmen.

- **Umgebung**: Eine ruhige, spirituelle Stimmung, die von heftigen Kämpfen kontrastiert wird. Vögel zwitschern und das Geräusch von fließendem Wasser ist zu hören.

3. Berg Fuji Klippen

- **Beschreibung**: Eine malerische Etappe am Rande des **Berges Fuji** mit Blick auf die weite Aussicht auf die japanische Landschaft. **Kirschblüten** fallen sanft von den Bäumen und verleihen der Gefahr des Kampfes an den Klippen noch mehr Schönheit. Eine falsche Bewegung, und du wirst den Berg hinuntergeschleudert.

- **Umgebung**: Eine Mischung aus ruhiger natürlicher Schönheit und der drohenden Gefahr der Klippen. Ein Wind weht sanft durch und das ferne Geräusch von Wasserfällen ist zu hören.

4. Die unterirdische Arena

- **Beschreibung: Diese** dunkle, düstere unterirdische Kampfgrube **befindet sich unter den Straßen von South Town und** ist mit blinkenden Lichtern und dröhnender Musik gefüllt. Der Jubel des Publikums hallt von den Wänden wider, als sich die Kämpfer in einer Umgebung gegenüberstehen, die auf Brutalität und Spektakel ausgelegt ist.

- **Umgebung**: Neonlichter, Maschendrahtzäune und freiliegende Stahlträger bilden die Bühne für brutale Schlägereien. Die hallenden Klänge des Jubels und der Beat der elektronischen Musik sorgen für eine intensive Atmosphäre.

5. Wüsten-Oase

- **Beschreibung**: Eine einzigartige Umgebung, in der Kämpfer in einer **trockenen Wüstenlandschaft** aufeinandertreffen, komplett mit einer **kleinen Oase,** die von hoch aufragenden Dünen umgeben ist. Die Sonne brennt über den Köpfen und wirft lange Schatten, während die Kämpfer unter der intensiven Hitze kämpfen. Gelegentlich **können Sandstürme** im Hintergrund erscheinen, die dynamische Elemente hinzufügen.

- **Umgebung**: Das Geräusch von Treibsand und gelegentlichen Windböen. Die Atmosphäre ist heiß und bedrückend, mit wechselnden Schatten, die von den Dünen geworfen werden.

6. Wütender Sturmgipfel

- **Beschreibung**: Eine **bergige Etappe**, in der sich die Natur selbst in einem ständigen Zustand des Chaos zu befinden scheint. **Im Hintergrund toben** Gewitter, und gelegentlich erhellt ein Blitz den Himmel. Starke Winde peitschen durch die Bühne und beeinträchtigen die Bewegung und Strategie.

- **Umgebung**: Gewitterwolken ziehen über den Köpfen auf und die heulenden Winde schaffen eine einschüchternde Umgebung. Ununterbrochen blitzen Blitze auf und werfen ein kurzes, dramatisches Licht über das Schlachtfeld.

7. Die Skyline von Tokio bei Nacht

- **Beschreibung**: Eine lebendige Stadtbühne auf einem Dach im Herzen von **Tokio**. Im Hintergrund funkelt die Skyline, **Hubschrauber** fliegen über den Köpfen. Das Kampfgebiet ist von **Neonschildern umgeben**, die einen starken Kontrast zwischen Schönheit und Brutalität der Schlacht schaffen.

- **Umgebung**: Verkehrsgeräusche und ferne Stadtgeräusche erfüllen die Luft. Der kalte Wind der Nacht und gelegentlich blinkende Lichter geben den Ton für hochfliegende Action an.

7.2 Interaktive Elemente & Gefahren

Einige Stages in *Fatal Fury: City of the Wolves* enthalten **interaktive Elemente** und **Gefahren**, die den Ausgang einer Schlacht dramatisch beeinflussen können. Diese Elemente schaffen Möglichkeiten für **kreative Strategien** oder fordern die Spieler heraus, ihre Taktiken im Handumdrehen anzupassen.

1. Straßen der Südstadt: Gefahren für den Verkehr

- **Interaktives Element**: Gelegentlich fahren **Autos** über die Bühne und schaffen eine **bewegliche Gefahr**, die die Spieler aus dem Gleichgewicht bringen kann. Wird ein Gegner von einem Auto erfasst, erleidet er **Schaden** und wird kurzzeitig betäubt.

- **Strategie-Tipp**: Nutze den Verkehr als Schutzschild oder um deinen Gegner zu verwirren, aber vermeide es, auf seinem Weg hängen zu bleiben.

2. Mais Dojo: Koi Pond

- **Interaktives Element: Koi-Fische** schwimmen durch einen **kleinen Teich** in der Nähe des Bühnenrandes. Wenn ein Gegner in den Teich gestoßen wird, erleidet er **mit Zeit kleinen Schaden,** während er Schwierigkeiten hat, wieder herauszukommen.

- **Strategie-Tipp**: Du kannst einen Gegner in Richtung Koi-Teich schubsen, um die Gefahr der Umgebung auszunutzen. Seien Sie jedoch vorsichtig, nicht in sich selbst zu verfallen.

3. Mount Fuji Cliffs: Cliffside Drops

- **Gefahr**: Der Bühnenrand ist prekär. Wenn ein Kämpfer zu nahe an der Kante getroffen wird, riskiert er, von der Klippe zu fallen und **die Runde zu verlieren.**

- **Interaktives Element**: Gelegentlich **fegt eine Windböe** über die Bühne, die die Bewegung und das Springen beeinträchtigt. Die Spieler müssen ihre Angriffe sorgfältig timen, um nicht aus dem Gleichgewicht geweht zu werden.

4. Unterirdische Arena: Ringhindernisse

- **Interaktives Element**: Der **Maschendrahtzaun** rund um die Arena kann für **Wandsprünge** oder als **Sprungbrett** für Angriffe genutzt werden. Der Zaun kann jedoch durchbrochen werden, wenn ein Gegner einen schweren Angriff landet, wodurch eine Lücke in der Verteidigung entsteht.

- **Gefahr**: **Herabfallende Trümmer** treffen gelegentlich den Ring und beschädigen beide Spieler für kurze Zeit.

5. Wüstenoase: Sandstürme

- **Gefahr**: Von Zeit zu Zeit zieht ein **Sandsturm** auf, der die Sicht verringert und Angriffe schwerer vorhersehbar macht. Die Spieler müssen ihr Timing und ihre Entfernung während dieser Stürme anpassen.

- **Interaktives Element**: Die **Oase** bietet die Möglichkeit, sich im kühlen Nass zu erholen, aber nur kurz, da das Hinausgehen eine schnelle Rückkehr in die sengende Hitze bedeutet.

6. Raging Storm Peak: Blitze schlagen ein

- **Gefahr**: **Gelegentlich schlagen Blitze** vom Sturm auf der Bühne ein. Kämpfer, die in der Angriffszone stehen, erleiden **massiven elektrischen Schaden**.

- **Interaktives Element**: Die starken Winde des Sturms können **die Sprungbögen verändern** und die Flugbahn der

Projektile beeinflussen, wodurch Angriffe auf große Entfernungen unvorhersehbarer werden.

7. Tokyo Night Skyline: Hubschrauberangriffe

- **Interaktives Element**: Gelegentlich **fliegt ein Hubschrauber** vorbei, der **Blendgranaten** oder kleine Sprengsätze auf das Dach abwirft. Kämpfer, die von der Explosion erfasst werden, erleiden **Schaden** und werden kurz betäubt.

- **Gefahr**: Das **Dach** ist klein und lässt wenig Spielraum, was es den Spielern erleichtert, nach einem starken Angriff von der Kante zu fallen.

7.3 Dynamische Bühnenübergänge

Einige Stages verfügen über **dynamische Übergänge**, die sich auf den Kampfverlauf auswirken, entweder indem sie die Umgebung verändern oder mitten im Kampf neue Gefahren einführen. Diese Übergänge fügen eine zusätzliche Strategieebene hinzu, da sich die Spieler schnell an sich ändernde Bedingungen anpassen müssen.

1. Straßen in der Südstadt bis zur Gasse

- **Übergang**: Nach einer gewissen Zeit kann sich der Kampf von der **Hauptstraße** in eine enge **Gasse verlagern**. Der Übergang schafft eine **engere Umgebung**, die die Spieler dazu zwingt, sich an **engere Kämpfe anzupassen**.

- **Strategie-Tipp**: Nutze die Gasse zu deinem Vorteil, indem du **Eckendruck einsetzt** oder deinen Gegner für Kombos an die Wände drängt.

2. Mais Dojo zum Geheimen Schrein

- **Übergang**: Mitten im Spiel kann sich der Kampf in den **versteckten Schrein** hinter Mais Dojo verlagern. Die Umgebung wird mystischer, mit **schwebenden Laternen** und **engeren Plattformen**.

- **Strategie-Tipp**: Das Schrein-Setting kann wendigen Kämpfern zugute kommen und bietet viel Platz für Luftkämpfe und Ausweichen.

3. Von den Klippen des Mount Fuji zur Eishöhle

- **Übergang**: Nach **einem mächtigen Angriff oder nach Ablauf der Zeit erscheint eine frostige Höhle**, die die Szenerie dramatisch verändert. Eis **macht den Boden rutschig**, was sich auf die Bewegung und die Sprunghöhe auswirkt.

- **Strategie-Tipp**: Nutze das Eis, um unvorhersehbare Bewegungen zu erzeugen, aber pass auf, dass du nicht ausrutschst oder deine Positionierung falsch einschätzt.

4. Schlacht zwischen unterirdischer Arena und Dachterrasse

- **Übergang**: Nach einer bestimmten Zeit verlagert sich der Kampf von der **unterirdischen Grube** auf das **Dach**, was eine offenere Umgebung bietet, aber die Gefahr birgt, von der Kante zu fallen.

- **Strategietipp**: Die Vertikalität des Daches bietet Möglichkeiten für hochriskante und lohnende Luftangriffe.

7.4 Strategie zur Auswahl der Stufen

Die Wahl der richtigen Stufe ist entscheidend, um im Kampf die Oberhand zu gewinnen. Die Auswahl der Stufen kann deinen Kampfstil und deine Taktik dramatisch beeinflussen.

1. Nahkampf

Wenn du den Nahkampf **bevorzugst** und deinen Gegner mit Druck überwältigst, wähle Stages mit **engen Räumen** wie die **Underground Arena** oder **die Tokyo Night Skyline**. Diese Phasen schränken die Fähigkeit ein, sich zurückzuziehen oder neu zu positionieren, und zwingen beide Spieler zu intensiven Kämpfen.

2. Agilität und Mobilität

Für agilere Charaktere oder diejenigen, die auf schnelle Ausweichmanöver, Sprünge und Luftangriffe angewiesen sind, bieten Stages wie **Mais Dojo** oder **die Klippen des Mount Fuji** offene Räume und Bewegungsfreiheit. Nutze diese Phasen, um die Geschwindigkeit und Geschicklichkeit deines Charakters zu nutzen.

3. Gefahren für die Umwelt

Wenn dein Spielstil darauf abzielt, **deinen Gegner zu überlisten** oder **Fallen zu stellen**, wähle Stages wie **Raging Storm Peak** oder **Desert Oasis**, wo **dynamische Gefahren** und **Umgebungsfaktoren** zu deinem Vorteil genutzt werden können.

4. Zoning & Langstreckenspiel

Wenn du einen **Zoner** spielst, der darauf angewiesen ist, Abstand zu halten, bieten die Straßen der **Südstadt** oder **die Skyline von Tokyo Night** große Räume, um Druck aufrechtzuerhalten und das Tempo des Kampfes zu kontrollieren. Nutze die Umgebung, um die Bewegung deines Gegners einzuschränken und gleichzeitig deine Vorteile auf große Entfernungen zu erhalten.

Kapitel 8: Multiplayer & Online-Strategie

8.1 Rangliste vs. Gelegenheitsspiel

In *Fatal Fury: City of the Wolves ist* der **Mehrspielermodus** ein wesentlicher Bestandteil des Spiels. Das Spiel bietet zwei Haupttypen des Online-Spiels: **Ranglisten-** und **Gelegenheitsspiele**. Beide Modi bieten unterschiedliche Erfahrungen und sind für unterschiedliche Spielstile geeignet. Wenn Sie die Unterschiede zwischen ihnen verstehen, können Sie Ihren Wettbewerbsvorteil maximieren.

Ranglistenspiele

- **Zweck**: Ranglisten-Matches sind für **kompetitive Spieler gedacht** , die die Bestenlisten erklimmen und ihre Fähigkeiten gegen andere unter Beweis stellen wollen. Das System verwendet ein **Bewertungs-** oder **Ranglistensystem**, das sich an Ihre Leistung anpasst, so dass Ihr Rang umso höher ist, je mehr Siege Sie erzielen.

- **Matchmaking**: In der Rangliste trittst du gegen Gegner mit ähnlichem Können an, und das Spiel wird ernst genommen, mit der Absicht, zu gewinnen. Jedes Spiel hat erhebliche **Auswirkungen** auf dein Ranking und **dein Selbstvertrauen**.

- **Strategie-Tipp**: Konzentriere dich darauf , **dein Charakterwissen,** deine Matchup-Strategien **und deine** mentale Widerstandsfähigkeit **zu verfeinern**.

Ranglistenspiele belohnen Beständigkeit, also vermeide es, unnötige Risiken einzugehen oder mitten im Spiel neue Taktiken auszuprobieren.

Gelegenheitsspiele

- **Zweck**: Casual Matches sind für **entspanntes, unterhaltsames** Gameplay gedacht, bei dem weniger auf dem Spiel steht. Du kannst neue Charaktere, Strategien und Kombos ausprobieren, ohne dir Gedanken über die Auswirkungen auf dein Ranking machen zu müssen.

- **Matchmaking**: Der Casual-Modus bietet eine lockerere Spielersuche, sodass du möglicherweise Gegnern mit unterschiedlichen Fähigkeiten gegenüberstehst. Es geht mehr um **Experimentieren** und **Lernen** als um den Wettbewerb um den Rang.

- **Strategie-Tipp**: Nutze das Gelegenheitsspiel, um mit verschiedenen Charakteren und Strategien zu experimentieren. Dieser Modus eignet sich perfekt zum Üben bestimmter Moves, Kombos und Charaktermechaniken.

8.2 Aufbau einer kompetitiven Ausrüstung

In *Fatal Fury: City of the Wolves* sind **Loadouts** ein wesentlicher Aspekt bei der Vorbereitung auf das Online-Spiel. Eine **kompetitive Ausrüstung** bezieht sich auf die Ausrüstung, Stile und Taktiken, die du in die Schlacht bringst. Der Aufbau eines starken Loadouts kann sowohl in **Ranglisten-** als auch in **Casual-Matches** einen großen Unterschied machen.

1. Wahl der Charaktere

- **Die Wahl des richtigen Charakters**: In erster Linie sollte die Wahl des Charakters mit deinem persönlichen Spielstil übereinstimmen. Wenn du ein **Rushdown-Spieler** bist , könnten Charaktere wie **Terry Bogard** oder **Joe Higashi** zu dir passen. Für einen eher **auf Zobilisierung ausgerichteten** Ansatz probierst du Charaktere wie **Vox Reaper** oder **Cristiano Ronaldo aus**.

- **Vertrautheit der Charaktere**: Es ist wichtig, **ein oder zwei Charaktere gründlich zu meistern,** anstatt zu versuchen, überhaupt gut zu sein. **Übung macht den Meister**, und wenn du die Move-Liste, Kombos und Strategien deines Charakters in- und auswendig kennst, verschaffst du dir einen Vorteil gegenüber weniger vorbereiteten Gegnern.

2. Stil-Anpassung

- **Offensive oder defensive Ausrüstung**: Entscheide, ob du dich auf **aggressives Rushdown** oder **defensives Konterspiel** konzentrieren möchtest. Aggressive Loadouts priorisieren **Schaden, Geschwindigkeit** und **Kombo-Ausführung**, während sich defensive Loadouts auf **Ausdauer**, **Gegenangriffe** und das **Entkommen vor Druck** konzentrieren.

- **Empfohlene Ausrüstung:**

- Für **offensives Spiel** kannst du **Aggressionsausrüstung verwenden** , um die Angriffsgeschwindigkeit und die Kombo-Erweiterung zu erhöhen.

- Für **defensives Spiel solltest du** defensive Ausrüstung **in Betracht ziehen,** um die Blockstärke**, die** Rev-Burst-Erholung **und die** Konterfähigkeit **zu verbessern.**

3. Experimentieren mit Loadouts

- **Balancing-Werte:** Das Ausbalancieren deiner Ausrüstung ist der Schlüssel. Zum Beispiel **kann offensiv** ausgerichtete Ausrüstung deinen Charakter schnell, aber schwach in der Verteidigung machen. Wenn du merkst, dass du überfordert bist, solltest du deine Ausrüstung anpassen, um **Verteidigung** und **Mobilität** in Einklang zu bringen.

- **Spezielle Ausrüstung für Ranglistenspieler:** Konzentriere dich in Ranglistenspielen auf eine Ausrüstung, die **zuverlässigen** Schadensausstoß und **Widerstandsfähigkeit bietet.** Seien Sie vorsichtig, sich nicht zu sehr auf Neuheit oder Stil zu konzentrieren, auf Kosten der Praktikabilität. Ein abgerundetes Loadout ist im kompetitiven Spiel oft konsistenter.

8.3 Teams & Tipps zur Netcode-Optimierung

Online zu spielen bedeutet, sich mit **der Internetverbindung** und **den Verzögerungen** auseinanderzusetzen, die über das

Spielerlebnis entscheiden können. Wenn du verstehst, wie **sich Verzögerungen** auf deine Matches auswirken, und wenn du deine Verbindung optimierst, kannst du in Online-Schlachten einen großen Vorteil haben.

1. Erläuterung von Verzögerung und Eingabeverzögerung

- **Verzögerung**: Verzögerung ist eine Verzögerung zwischen den Eingaben, die Sie auf Ihrem Controller vornehmen, und dem, was auf dem Bildschirm angezeigt wird. Dies kann zu **Eingabeverzögerungen führen** oder sogar dazu führen, dass das Spiel nicht mehr zu reagieren scheint. Die Verzögerung macht sich am deutlichsten bemerkbar, wenn du versuchst, **in entscheidenden Momenten** Kombos auszuführen **oder zu** blocken.

- **Netcode**: Der vom Spiel verwendete Netcode bestimmt, wie gut das Spiel Verzögerungen ausgleicht. Guter Netcode glättet Verzögerungen und reduziert das Stottern oder die Inkonsistenz, die Sie im Spiel erleben.

2. Optimieren Sie Ihre Internetverbindung

- **Verkabelt vs. kabellos**: Verwenden Sie nach Möglichkeit immer eine **kabelgebundene Verbindung**. **Ethernet-Kabel** bieten eine stabilere und zuverlässigere Verbindung als drahtloses Internet und verringern die Wahrscheinlichkeit von **Verbindungsabbrüchen** oder Verzögerungsspitzen.

- **Schließen von Hintergrundanwendungen**: Wenn Sie einen PC oder eine Konsole verwenden, stellen Sie sicher, dass **keine Hintergrundanwendungen** (z. B. Streaming oder Downloads) während der Wiedergabe Bandbreite verbrauchen. Diese können zu erheblichen Verzögerungen in Ihrem Online-Erlebnis führen.

- **Optimale Verbindung**: Wenn Sie können, wählen Sie **Server** mit dem **niedrigsten Ping**. Dies reduziert die Entfernung, die Ihre Daten zurücklegen, und kann Verzögerungen minimieren.

3. Anpassen der Spieleinstellungen für eine bessere Leistung

- **Grafikeinstellungen**: Das Verringern bestimmter Grafikeinstellungen, wie z. B. **Bewegungsunschärfe** oder **Schattenqualität**, kann dazu beitragen, die Belastung Ihres Systems zu verringern und die Gesamtleistung des Spiels zu verbessern, insbesondere in **stärker frequentierten** Bereichen der Bühne.

- **Einstellungen für die Eingabeverzögerung**: Einige Spiele bieten einen **Schieberegler für die Eingabeverzögerung** oder **Frame-Buffer-Optionen** , um die Balance zwischen Grafik und Leistung zu optimieren. Experimentieren Sie mit diesen Einstellungen, um den Sweet Spot zu finden.

4. Auswahl der richtigen Matchmaking-Region

- Versucht immer, mit Spielern in Regionen in eurer Nähe in Kontakt zu treten. Dies minimiert Verzögerungen und führt zu einem reibungsloseren Erlebnis. Die meisten Matchmaking-Systeme wählen automatisch die **beste**

Region aus, aber wenn du ständig Probleme hast, kann es hilfreich sein, deine Region manuell anzupassen.

8.4 Den Gegner lesen

Eine der Schlüsselkomponenten für **den Sieg in Multiplayer-Matches** ist die Fähigkeit, **deinen Gegner zu lesen**. Diese Fähigkeit ist sowohl im **Ranglisten-** als auch im **Gelegenheitsspiel von entscheidender Bedeutung**, da du die Oberhand gewinnen kannst, wenn du verstehst, wie dein Gegner spielt.

1. Beobachte den Spielstil

- **Aggression vs. Geduld**: Einige Spieler sind sehr **aggressiv**, stürmen ständig hinein und suchen nach Möglichkeiten, schnelle Treffer oder Kombos zu landen. Andere sind vielleicht defensiver und warten auf den perfekten Moment für einen Gegenangriff. Wenn Sie dies frühzeitig erkennen, können Sie Ihren Ansatz entsprechend anpassen.

  - Wenn dein Gegner aggressiv ist, **blocke** und bestrafe ihn mit schnellen Kontern oder **Langstreckenprojektilen.**

  - Wenn dein Gegner defensiv ist, suche nach Möglichkeiten, Druck zu erzeugen und Fehler zu erzwingen.

2. Schwachstellen erkennen

- **Übermäßiger Einsatz von Angriffen**: Viele Spieler verlassen sich auf ein paar **charakteristische Moves**. Wenn du bemerkst, dass ein Gegner einen Zug spammt, versuche, ihn zu **kontern** oder ihn zu einem Fehler zu verleiten.

- **Muster**: Achten Sie auf **sich wiederholende Verhaltensweisen.** Springt dein Gegner zum Beispiel nach dem Blocken konsequent, kannst du mit einer Anti-Luft-Attacke kontern. Wenn sie nach einer Kombo immer hereinstürmen, solltest du einen **Wurf** oder **einen Gegenzug** in Betracht ziehen.

3. Anpassung während des Spiels

- **Taktik ändern**: Wenn du das Gefühl hast, dass sich dein Gegner an deine Strategie anpasst, solltest du auch bereit sein, deine eigene Taktik zu ändern. Wenn sie angefangen haben, deine Kombos oder deine Verteidigung zu lesen, wechsle die Dinge mit anderen **Ansätzen** oder **Gedankenspielen.**

- **Ködern und Bestrafen**: Im Spiel auf höherem Niveau kannst du versuchen, **einen Gegner früh zum Angriff zu verleiten**, indem du Lücken oder verwundbare Momente zeigst. Sobald sie sich verpflichten, **bestrafen** Sie ihre Entscheidung.

4. Mentales Spiel und Denkweise

- Bleiben Sie unter Druck ruhig. **Beim Lesen des Gegners** geht es nicht nur darum, seine Züge zu verstehen, sondern auch darum, **geistige Klarheit** zu bewahren. Achte auf ihre Tendenzen, aber werde nicht selbst berechenbar.

- Manchmal ist das wichtigste Element, um deinen Gegner zu lesen, **seine Psychologie zu lesen** – vorherzusagen, was er als nächstes tun wird, basierend auf seinem Verhalten und seiner Persönlichkeit.

Kapitel 9: Freischaltbare Gegenstände, Easter Eggs & Geheimnisse

9.1 Versteckte Charaktere & Kostüme

In *Fatal Fury: City of the Wolves* gibt es eine Vielzahl von **versteckten Charakteren** und **alternativen Kostümen**, die durch bestimmte Aktionen oder Bedingungen freigeschaltet werden können. Diese Ergänzungen sorgen für einen erheblichen Wiederspielwert und ein Gefühl der Entdeckung für Spieler, die es genießen, jede Facette des Spiels zu absolvieren.

1. Versteckte Charaktere

- **Vox Reaper (freischaltbar):** Einer der am meisten erwarteten Charaktere, **Vox Reaper**, kann freigeschaltet werden, indem man das Spiel im **schweren Modus abschließt,** ohne fortzufahren. Danach wird Vox durch ein spezielles **Ingame-Event** freigeschaltet, bei dem seine Hintergrundgeschichte und seine einzigartigen Fähigkeiten enthüllt werden.

- **Cristiano Ronaldo (Gastkämpfer):** Dieser **Gastcharakter** kann freigeschaltet werden, indem du eine bestimmte Reihe von Herausforderungen im **Arcade-Modus abschließt.** Dabei geht es darum, bestimmte Charaktere innerhalb eines Zeitlimits zu besiegen, ohne ein Spiel zu verlieren.

- **Salvatore Ganacci (Gastkämpfer):** Ein weiterer Gastkämpfer, der verfügbar wird, sobald die Spieler alle Hauptphasen des Spiels freigeschaltet **haben**. Wenn du in jeder Stufe eine Reihe von **versteckten Zielen** erfüllst , kannst du dich Ganacci stellen und ihn als spielbaren Charakter freischalten.

- **Freischaltmethode:** Um auf versteckte Charaktere zuzugreifen, musst du auf **besondere Anforderungen achten**, darunter das Abschließen bestimmter Modi unter bestimmten Bedingungen, das Erreichen von Highscores oder die Konfrontation mit **geheimen Bossen**.

2. Freischaltbare Kostüme

- **Klassische Skins:** Viele Charaktere, wie **Terry Bogard** und **Mai Shiranui**, haben **klassische Skins** (basierend auf ihrem Aussehen in früheren *Fatal Fury-* oder *King of Fighters-Spielen*). Diese können im **Arcade-Modus oder** durch das Abschließen **bestimmter Herausforderungen** für jeden Charakter freigeschaltet werden.

- **Alternative Outfits:** Einige Charaktere haben **alternative Kostüme, die** mit ihrer Persönlichkeit oder ihrem Handlungsbogen verbunden sind. Zum Beispiel **wird Joe Higashis** alternatives Outfit freigeschaltet, nachdem man ihn im **Story-Modus** mit einem **bestimmten Charakter** besiegt hat.

- **Spezielle Themenkostüme:** Zur Feier bestimmter Ereignisse oder Meilensteine im Spiel könnt ihr **saisonale Outfits** oder **thematische Kostüme** für bestimmte Charaktere freischalten, wie z. B. **Sommer-Strandoutfits** oder **Winterfest-Kleidung**. Diese sind in der Regel verfügbar, nachdem du **im** Arcade-Modus **100 %** **abgeschlossen** hast.

9.2 Freischaltbare Stages & Themen

Zusätzlich zu den Charakteren und Kostümen *bietet* Fatal Fury: City of the Wolves **versteckte Stages** und **freischaltbare Themen**, die den Umgebungen und Einstellungen des Spiels eine gewisse Abwechslung verleihen.

1. Versteckte Stufen

- **Vox's Hideout**: Um diese **geheime Stufe** freizuschalten, musst du **Vox Reaper** im **Arcade-Modus** unter **bestimmten Bedingungen besiegen** (z. B. ohne eine Runde zu verlieren). Die Bühne befindet sich in einem **dunklen, mysteriösen unterirdischen** Versteck voller **dunkler** Lichter, **pulsierender Energie** und **unheilvoller Musik**.

- **Ganaccis Keule**: Diese **exklusive Phase** kann freigeschaltet werden, indem du **Salvatore Ganacci besiegst,** nachdem du eine Reihe von **zeitlich begrenzten Herausforderungen** abgeschlossen hast. Es verfügt über eine **Club-Umgebung** mit leuchtenden Neonlichtern und einem pulsierenden elektronischen Soundtrack, der den traditionelleren Kampfarenen des Spiels eine andere Atmosphäre verleiht.

- **Tokyo Rooftop Party**: Diese besondere **nächtliche Rooftop-Stage** wird freigeschaltet, nachdem **du den Story-Modus** mit einem **perfekten Sieg abgeschlossen** hast (kein Schaden erlitten). Es bietet einen atemberaubenden Blick auf **Tokio**, ein **Feuerwerk** und eine festliche Partyatmosphäre, was es perfekt für energiegeladene Schlachten macht.

2. Freischaltbare Themen

- **Dynamische Musikthemen**: Jede versteckte Bühne kommt mit **einzigartiger Musik**, die zum Ton der Umgebung passt. Zum Beispiel hat **Vox's Hideout** einen unheimlichen **Ambient-Track, während** Ganacci's Club mit elektronischen Beats **aufwartet, die mit dem Neon-Vibe der Bühne synchronisiert sind.**

- **Umweltschwankungen**: Einige Stadien haben **Tag-Nacht-Zyklen**, die ihre Atmosphäre je nach Tageszeit ändern. Dies kann sich auf die Sichtbarkeit und sogar auf die Art der Umweltgefahren oder interaktiven Elemente in der Bühne auswirken.

9.3 Easter Eggs & Serienreferenzen

Fatal Fury: City of the Wolves ist vollgepackt mit **Easter Eggs** und **Anspielungen** auf die *Serien Fatal Fury* und *King of Fighters*. Fans der Franchise werden die zahlreichen Anspielungen auf die Vergangenheit, versteckte Funktionen und geheime Interaktionen im gesamten Spiel genießen.

1. Klassische Cameos

- **Geese Howards Porträt**: In bestimmten Phasen werden Sie **bemerken, dass Geese Howards Porträt** an der Wand hängt, eine Anspielung auf seine ikonische Rolle in der *Fatal Fury-Serie* . Es gibt auch einen versteckten **O-Ton** bei der Interaktion mit diesen Porträts, der seine berühmten Zeilen aus früheren Spielen zitiert.

- **Iori Yagami's Teaser**: In einer der **versteckten Stufen** findest du ein **Graffiti-Wandbild** von **Iori Yagami**, einem beliebten Charakter aus *King of Fighters*. Dies ist ein subtiler Teaser, der auf ein zukünftiges Crossover oder den Auftritt eines Charakters hindeuten könnte.

- **Klassische Soundtrack-Remixe**: In bestimmten Momenten des **Arcade-Modus** kannst du **Remixe** der klassischen Tracks von *Fatal Fury* und *King of Fighters hören* . Dabei handelt es sich um Ostereier, die für langjährige Fans der Serie gedacht sind.

2. Geheime Dialoge

- Einige **versteckte Dialoge** finden zwischen den Charakteren in bestimmten Momenten des **Story-Modus statt**. Dazu gehören Anspielungen auf vergangene Spiele, ikonische Momente und sogar **Insider-Witze,** die sich an treue Fans richten. Zum Beispiel könnte ein Gespräch zwischen **Mai Shiranui** und **Andy Bogard** eine freche Anspielung auf die Ereignisse früherer Titel enthalten.

- **Charakterrivalitäten**: Als Teil der Easter Eggs können bestimmte **rivalisierende Charaktere** (wie **Terry** und

Geese) einzigartige **Rivalitätslinien austauschen,** wenn sie sich im Kampf gegenüberstehen. Diese Zeilen sind oft Reminiszen an entscheidende Story-Momente in früheren *Fatal Fury-* und *King of Fighters-Spielen.*

3. Freischaltbare Soundeffekte

- **Retro-Soundeffekte**: Durch das Abschließen **bestimmter Aufgaben** oder das Erreichen **bestimmter Meilensteine** können Spieler **Retro-Soundeffekte** aus den früheren Spielen der Franchise freischalten. So können beispielsweise der **klassische KO-Sound** oder **Siegeszitate** aus älteren Titeln während der Kämpfe aktiviert werden.

- **Geheime Interaktionen**: Einige Stages bieten **versteckte Interaktionen,** wenn du bestimmte Angriffe ausführst oder mit Objekten in der Umgebung interagierst. Zum Beispiel kann die Verwendung einer **Wurfbewegung** in **Mais Dojo** eine kurze **Zwischensequenz** auslösen , in **der Mais Vater** aus dem Hintergrund zuschaut.

9.4 Tipps für eine 100%ige Fertigstellung

Um in Fatal Fury: City of the Wolves *einen Abschluss von 100 % zu erreichen* , ist eine Mischung aus Geschicklichkeit, Ausdauer und Erkundung erforderlich. Hier erfährst du, wie du deinen Fortschritt maximieren und alle Geheimnisse des Spiels freischalten kannst:

1. Abschließen des Story-Modus

- **Story-Pfade:** Spiele **den Story-Modus** mehrmals, um verschiedene **verzweigte Pfade** und alternative Handlungsstränge freizuschalten. Dies wird dir helfen, alle versteckten Charaktere, Dialoge und Stufen aufzudecken, die mit diesen Pfaden verbunden sind.

- **Herausforderungsmodus:** Um bestimmte versteckte Charaktere freizuschalten, musst du den Herausforderungsmodus abschließen, in dem du **einzigartige Ziele** erledigst (z. B. gewinnen, ohne Schaden zu nehmen, bestimmte Techniken anwenden usw.).

- **Perfekte Gewinne erzielen:** Versuchen Sie, **den Story-Modus** und den **Arcade-Modus** mit **perfekten Gewinnen** (ohne Schaden) abzuschließen. Dadurch werden oft seltene Kostüme und Stages freigeschaltet.

2. Meistern des Arcade-Modus

- **Spiele auf dem Schwierigkeitsgrad Schwer:** Wenn du den **Arcade-Modus** auf **dem Schwierigkeitsgrad "Schwer" abschließt**, ohne Fortsetzungen zu verwenden, werden viele der schwieriger zugänglichen Geheimnisse des Spiels freigeschaltet, darunter versteckte Charaktere und spezielle Zwischensequenzen.

- **Geheime Bosskämpfe:** Während deiner Arcade-Durchläufe lösen bestimmte Bedingungen geheime Bosskämpfe gegen mächtige Charaktere aus. Wenn du diese Bosse besiegst, schaltest du exklusive Belohnungen frei, darunter alternative Enden.

3. Sammeln aller Errungenschaften

- **Erfolge**: Behalte die **Erfolgsliste im Spiel im Auge**. Viele freischaltbare Gegenstände sind an bestimmte Erfolge gebunden, wie z. B. **das Gewinnen eines Spiels in jeder Phase, das Ausführen jeder Kombo-Bewegung** oder **das Besiegen aller versteckten** Bosse.

- **Spezialaufgaben**: Auf einige freischaltbare Gegenstände kann erst zugegriffen werden, nachdem **mehrere Aufgaben abgeschlossen wurden**, z. B. das Freischalten aller **versteckten Charaktere** oder das Abschließen des Spiels mit jedem Charakter.

4. Geheime Trophäen

- Versteckte **Trophäen** und **Erfolge** sind über das ganze Spiel verstreut. Zum Beispiel könnte es eine **geheime Trophäe** geben, wenn man den Endboss besiegt, **ohne einen einzigen Super-Move zu verwenden**, oder für eine **perfekte Kombo**, die sich über die gesamte Runde erstreckt.

- **Fortschritt verfolgen**: Führen Sie eine Checkliste mit dem, was Sie freigeschaltet haben und was noch übrig ist. Nutze den Herausforderungsmodus , um den Fortschritt jeder Aufgabe zu verfolgen und dich auf die Aufgaben zu konzentrieren, die die wichtigsten Belohnungen bieten.

Kapitel 10: Fortgeschrittene Techniken & Meta Play

10.1 Frame-Daten & Hitbox-Beherrschung

Die Beherrschung von **Frame-Daten** und **Hitboxen** ist für jeden Spieler, der sein Spiel verbessern und auf hohem Niveau konkurrieren möchte, unerlässlich. Zu verstehen, wie Attacken in Bezug auf Geschwindigkeit, Reichweite und Erholungszeit miteinander interagieren, ist eine entscheidende Fähigkeit in *Fatal Fury: City of the Wolves*.

1. Grundlagen von Frame-Daten

- **Was sind Frame-Daten?** Frame-Daten beziehen sich auf die Anzahl der **Frames, die für** die Ausführung, den Treffer **und die** Wiederherstellung **eines Zuges erforderlich sind**. In Kampfspielen geschieht jede Aktion (Angriff, Block, Ausweichen usw.) innerhalb **von Frames**. Zum Beispiel ist ein Zug, der **3 Frames** benötigt, schneller als ein Zug, der **5 Frames benötigt**.

- **Start-, Aktiv- und Wiederherstellungs-Frames**:

    - **Start**: Die Anzahl der Frames, bevor eine Verschiebung aktiv wird.

- ○ **Aktiv**: Die Frames, in denen der Move den Gegner treffen oder beeinflussen kann.

- ○ **Erholung**: Die Frames nach dem Zug, in denen der Charakter verwundbar ist und nicht mehr handeln kann.

2. Hitboxen verstehen

- **Was sind Hitboxen?** Eine **Hitbox** ist ein unsichtbarer Bereich, der bestimmt, ob ein Angriff eine Verbindung zum Gegner herstellt. Wenn du die **Größe** und **Position** der Hitbox einer Attacke kennst, kannst du besser feststellen, ob ein Angriff landet oder geblockt wird.

- **Charakterspezifische Hitboxen**: Jeder Charakter in *Fatal Fury: City of the Wolves* hat einzigartige Hitboxen für seine **normalen Angriffe**, **Spezial-** und **Superattacken**. Das Erlernen der Hitbox-Interaktionen jedes Charakters ist entscheidend für **Abstände** und **Kombos**.

- **Hitbox-Grafiken**: In einigen Trainingsmodi können Sie **Hitbox-Overlays anzeigen** , um die genaue Reichweite und das Timing Ihrer Bewegungen besser zu verstehen.

3. Frame-Daten in der Praxis

- **Bestrafung unsicherer Moves**: Die Kenntnis der Frame-Daten hilft Ihnen, **unsichere Moves** zu identifizieren , die einen Gegner für eine **Bestrafung offen lassen**. Wenn du zum Beispiel weißt, dass der Angriff deines Gegners eine **lange Erholungszeit hat** und du einen schnellen Zug hast, kannst du seinen Angriff unterbrechen und dir einen Vorteil verschaffen.

- **Sicher beim Blocken**: Frame-Daten können dir auch sagen, ob ein Angriff **beim Blocken sicher ist** (was bedeutet, dass der Gegner ihn nicht einfach bestrafen kann). Moves, die **sicher sind** , ermöglichen kontinuierlichen Druck, während **unsichere** Moves bestraft werden können, wenn sie geblockt werden.

10.2 Verwechslungen, Druck und Bestrafungen

Das Erzeugen von **Unberechenbarkeit** durch **Verwechslungen** und das Ausüben von **ständigem Druck** sind unerlässlich, um das Tempo des Spiels zu kontrollieren. Wenn du diese Techniken beherrschst, kannst du die Verteidigung deines Gegners durchbrechen und dir Siege sichern.

1. Verwechslungstechniken

- **Was ist eine Verwechslung?** Eine **Verwechslung** bezieht sich auf eine Reihe von Taktiken, die verwendet werden, um Ihren Gegner zu verwirren oder Fehler zu erzwingen. Dazu gehört eine Mischung aus **hohen/niedrigen Angriffen, Würfen** und Überkopfbewegungen, um den Gegner im Unklaren zu lassen.

- **High/Low-Verwechslungen**: Verwende **niedrige Angriffe** (wie geduckte Tritte oder Sweeps), um den Gegner zum niedrigen Blocken zu zwingen, und setze dann **Überkopfangriffe** (wie Sprünge oder schwere Angriffe aus dem Stand) ein, um ihn zu überraschen.

- **Wurfverwechslungen**: Das Werfen wird zu einer kritischen Komponente, wenn dein Gegner **zu bequem** blockt oder reagiert. Mische **Würfe** ein, um Spieler zu kontern, die zu defensiv sind.

2. Drucktechniken

- **Ständiger Druck**: Halte den Druck auf deinen Gegner aufrecht, indem du Angriffe aneinanderreihst und **ihn in der Defensive hältst**. Dies kann sie dazu zwingen, Fehler zu machen und Lücken für größere Kombos zu lassen.

- **Rahmenfallen**: Setze Angriffe ein, die deinem Gegner nur begrenzte Optionen lassen und ihn in Situationen bringen, in denen er entweder blocken muss oder von deinem nächsten Zug getroffen wird.

- **Nahkampf**: Im Nahkampf kannst du schnelle **leichte Angriffe einsetzen,** um die Deckung eines Gegners schnell zu durchbrechen oder dich auf einen **Wurf vorzubereiten**. Üben Sie konsequent Druck aus, ohne sich zu überfordern, da Sie sonst anfällig für einen Gegenangriff sein könnten.

3. Bestrafung unsicherer Züge

- **Unsichere Angriffe erkennen**: Wenn dein Gegner einen **hochriskanten, aber lohnenden Zug** einsetzt, ist das oft mit einer **langen Erholungszeit verbunden**. Bestrafe diese Züge, indem du auf das Erholungsfenster wartest und dann mit deiner schnellsten Option konterst.

- **Kombo-Bestrafung**: Wenn du einen erfolgreichen Kontertreffer landest, lass eine **Kombo folgen** , um deinen Schadensausstoß zu maximieren. Wenn du weißt, welche Moves du wann bestrafen musst, kannst du deine Effizienz in Matches dramatisch verbessern.

- **Teching-Würfe**: Lerne, **Tech-Würfe zu machen** und dich von den Wurfversuchen deines Gegners zu befreien. Dies ist entscheidend, um den offensiven Druck aufrecht zu erhalten und unnötigen Schaden zu vermeiden.

10.3 Grundlagen des Turnierspiels

Wenn es um kompetitives Spiel geht, insbesondere in **Turnieren,** müssen Sie Ihr **mentales Spiel** und **Ihre fortgeschrittenen Strategien verfeinern** , um Ihrer Konkurrenz einen Schritt voraus zu sein.

1. Vorbereitung auf Turniere

- **Charaktermeisterschaft**: In einem Turnier sind die erfolgreichsten Spieler tendenziell diejenigen, die **ein paar Charaktere gründlich gemeistert** haben, und nicht diejenigen, die sich mit vielen Charakteren ausdünnen. **Wähle deinen Hauptcharakter** und verstehe seine Stärken, Schwächen und Matchups.

- **Recherchiere Gegner:** Bei Online-Turnieren oder lokalen Turnieren ist es wichtig, **deine Gegner** nach Möglichkeit zu studieren. Sieh dir ihre Spielvideos an, lerne ihre Tendenzen kennen und entwickle eine Strategie, um ihrem Spielstil entgegenzuwirken.

- **Mentaler Fokus üben**: Turniere können Situationen mit hohem Druck mit sich bringen. Stellen Sie sicher, dass Sie mental auf lange, intensive Matches vorbereitet sind. Ein ruhiger Geist ermöglicht **eine bessere Entscheidungsfindung, Reaktionszeiten** und **Anpassung**.

2. Match-Mentalität

- **First-to-3/First-to-5**: Die meisten Turniere haben **Best-of-Three-** oder **Best-of-Five-Formate** . Es ist wichtig, dass man sich in diesen Spielen einteilt und **anpassungsfähig bleibt** . Eine Niederlage in der ersten Runde bedeutet keine Niederlage – Anpassung ist der Schlüssel.

- **Unter Druck ruhig bleiben**: In Turnieren mit hohen Einsätzen ist es wichtig, einen kühlen Kopf zu bewahren, auch wenn das Spiel nicht so läuft, wie Sie es wünschen. **Fehler** und **Rückschläge** sind Teil des Spiels, und wenn du ruhig bleibst, kannst du **dich neu ausrichten** und eine Strategie für die nächste Runde entwickeln.

3. Turnier-Etikette

- **Respektiere deine Gegner**: Sei immer respektvoll gegenüber anderen Spielern, egal ob du gewinnst oder verlierst. **Sportsgeist** ist bei Turnieren unerlässlich, und respektvolles Verhalten verbessert das Erlebnis für alle Beteiligten.

- **Umgang mit Zeit und Pausen**: Richtige
  Flüssigkeitszufuhr, Ruhe und **Pausen** zwischen den
  Spielen sind wichtig, um die Spitzenleistung
  aufrechtzuerhalten. Lass deine mentalen Pausen nicht aus,
  auch nicht zwischen den Runden.

10.4 Post-Launch-Updates & DLC-Strategie

In der Welt der modernen Kampfspiele können **Updates nach der
Veröffentlichung** und **DLC-Inhalte** die **Meta** und die Art und
Weise, wie die Spieler das Spiel angehen, erheblich beeinflussen.
Wenn du mit diesen Änderungen auf dem Laufenden bleibst, kannst
du dir einen Vorteil gegenüber anderen Spielern verschaffen.

1. Patches nach der Veröffentlichung

- **Balancing-Anpassungen**: *Fatal Fury: City of the Wolves*
  wird wahrscheinlich nach der Veröffentlichung **Balance-
  Updates erhalten** , bei denen die Stärken und Schwächen
  der Charaktere basierend auf dem Feedback der Community
  und den Turnierergebnissen angepasst werden. Behaltet die
  Patch-Notizen im Auge, um über Änderungen an
  Rahmendaten, **Move-Sets** oder Charakterwerten auf dem
  Laufenden zu bleiben.

- **Meta-Verschiebungen**: Manchmal kann ein **einzelnes
  Update** die Meta drastisch verändern, indem bestimmte
  Charaktere oder Strategien praktikabler werden.
  Anpassungsfähig zu sein und zu lernen, wie sich der neueste
  Patch auf deinen Charakter auswirkt, ist der Schlüssel, um
  wettbewerbsfähig zu bleiben.

2. DLC-Kämpfer

- **Neue Charakter-Releases**: Wenn DLC-Kämpfer veröffentlicht werden, kommen sie oft mit neuen Strategien und einzigartigen Spielstilen, die die kompetitive Szene aufmischen können. **Experimentiere mit neuen Charakteren**, sobald sie veröffentlicht werden, und integriere sie in deine Turniervorbereitung.

- **Kämpfer-Trends**: Die Einführung neuer **Kämpfer** kann oft zu Trends bei der Charakterauswahl führen. Zum Beispiel kann ein **neuer DLC-Charakter** eine mächtige **Kontermechanik einführen**, die die Spieler dazu zwingt, ihre Strategien und Teamzusammenstellungen anzupassen.

3. DLC-Stufen und -Funktionen

- **Neue Stages**: Post-Launch-DLCs können auch **neue Stages** mit einzigartigen Features enthalten, die die Leistung der Charaktere verändern. Einige DLC-Phasen können **interaktive Elemente** oder **Gefahren** enthalten, so dass die Spieler **ihre Strategien bei** der Auswahl der Phasen in Turnieren anpassen müssen.

- **Neue Features**: Behaltet die zusätzlichen **Features im Auge**, die in DLCs hinzugefügt wurden, wie z. B. neue **Trainingswerkzeuge**, **Kostüme** oder **Spielmodi**, die neue **Meta-Breaking-Strategien** oder **Verbesserungsmöglichkeiten bieten könnten**.

4. Strategische Planung für DLCs

- **Maximierung des DLC-Wertes**: Wenn du es mit der kompetitiven Szene ernst meinst, solltest du dich über DLC-Veröffentlichungen und **strategische Anpassungen**, die damit einhergehen können, auf dem Laufenden halten. Dazu gehört die Analyse, wie **neue Charaktere** mit deiner aktuellen Aufstellung interagieren, und das Verständnis **neuer Strategien, die durch** die aktualisierten Mechaniken **mit sich gebracht werden**.

- **Auswirkungen auf die Community**: Achte darauf, wie die Community auf neue Inhalte reagiert. Wenn ein neuer Kämpfer oder eine neue Phase einen **erheblichen Einfluss** auf die **Meta hat**, solltest du **dich vor** deinem nächsten Turnier anpassen und die Besonderheiten der Neuzugänge kennenlernen.